LÄNDER-LEXIKON

FÜR KINDER

Kontinente, Länder und Kulturen

TESSLOFF

Inhalt

Hinweise zur Benutzung

Ein Globus ist eine Nachbildung der Erdkugel und gibt dir eine Vorstellung von ihrer Gestalt. Eine Weltkarte ist ein in die Fläche gezogener Überblick über alle Länder der Erde. In diesem Buch findest du Karten, Bilder und Texte, die einen genaueren Einblick in Kontinente und Länder erlauben. Das Länderlexikon enthält die wichtigsten Fakten aller Staaten der Erde. Die Umrandung der Karten erleichtert dir das Auffinden der Orte. Im Register kannst du Orte nachschlagen. Dort findest du die Seitenzahl und eine Kombination aus Buchstabe und Ziffer. Der Buchstabe gibt den Streifen von oben (Norden) nach unten (Süden) an, die Ziffer den Streifen von links (Westen) nach rechts (Osten). In dem angezeigten Quadrat liegt der gesuchte Ort.

Weltkugel

Auf der Weltkugel ist die Lage des Kontinents angezeigt.

Politische Karte

Zunächst wird jeder Kontinent in einer politischen Karte vorgestellt. Hier sind die einzelnen Staaten durch eine unterschiedliche Farbgebung in ihren Grenzen deutlich zu erkennen.

Physische Karte

Auf die Kontinentkarte folgen einzelne Länder oder Ländergruppen in physischen Karten. Diese wirken wie ein Relief. Man erkennt darauf Landschaftsformen wie Gebirge, Seen, Flusstäler und große Waldgebiete.

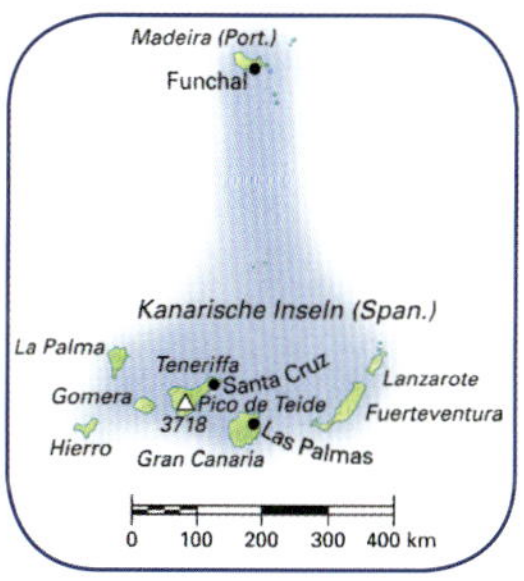

Rahmenkarte

Zu manchen Ländergruppen gehört ein Stück Land, das weit entfernt liegt, zum Beispiel eine Insel oder Inselgruppe weiter draußen im Ozean. Rückt man diese Insel in der Kartendarstellung näher an das Festland heran oder stellt sie größer dar, um nicht so viel Platz nur mit Meer zu füllen, dann stimmt die Entfernung nicht mehr mit dem Maßstab der großen Karte überein. Daher bekommt die kleine Karte einen eigenen Maßstab und einen Rahmen.

Bildsymbole

Kleine Bildchen auf den Seiten stellen dir einige Besonderheiten der Länder und Meere vor. Dargestellt sind Menschen, Tiere oder Pflanzen, Sehenswürdigkeiten, Wahrzeichen oder verschiedene Landessymbole.

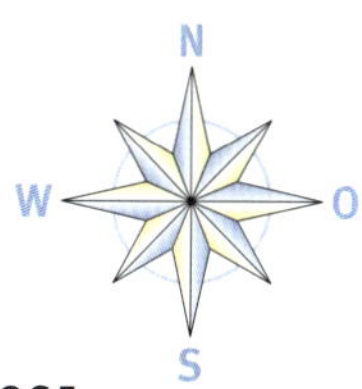

Windrose

Die Windrose zeigt wie ein Kompass an, wo Norden liegt. Damit ist die Ausrichtung der Karte angegeben.

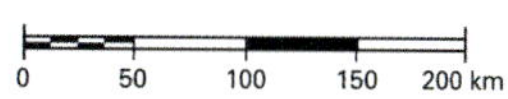

Massstab

Jede Karte stellt ein Land extrem verkleinert dar. Damit du eine Vorstellung davon hast, um wie viel das Land verkleinert worden ist und wie die Entfernungen in Wirklichkeit sind, haben Karten einen Maßstab.

Wie entsteht ein Globus?

Der erste Globus wurde 1492 unter der Leitung des Nürnberger Kaufmannes Martin Behaim angefertigt. Es war die erste Darstellung der Erde in Kugelgestalt. Als Zeugnis des geografischen Weltbildes vor der Entdeckung Amerikas ist uns der Behaim-Globus bis heute erhalten geblieben.

Behaim hatte die Kugel anfangs mit Lehm gefüllt und vier Lagen Leinwand aufgebracht. Nach dem Trocknen der Verkleidung wurde der Globus in zwei Hälften geteilt und die Füllmasse aus den beiden Halbkugeln entfernt. Dann verstärkte Behaim die Kugel von innen mit einem Holzskelett, setzte die beiden Schalen wieder zusammen und ummantelte die Kugel mit Pergament und Papier. Dieses wurde 15 Wochen lang bemalt.

Die Herstellung heutiger Globen unterscheidet sich meist grundlegend von der aufwändigen und kostspieligen Methode Martin Behaims. Trotzdem verzichtet man auch heutzutage nicht immer auf die traditionelle handwerkliche Fertigung. Besonders hochwertige Globen werden auch heute noch in reiner Handarbeit hergestellt.

Dabei wird ein Kartenbild auf Spezialpapier gedruckt und in mehrere Teile geschnitten. Diese Segmente nennt man „Sphärische Zweiecke“. Ähnlich geformt wie die Schalen einer gleichmäßig geschälten Apfelsine sollen sie den Globus rundum bedecken. Dazu werden sie sorgfältig per Hand auf eine mundgeblasene Glaskugel aufgebracht. Man nennt diese Art der Herstellung „Handkaschieren“. Das Aufkleben erfordert sehr viel Geschick, denn auf dem Glaskörper muss dabei so manche Unebenheit ausgeglichen werden.

Weil diese Art der Fertigung nur langsam vonstatten geht und deshalb sehr teuer ist, erfolgt die moderne Herstellung mithilfe speziell entwickelter Maschinen. So können große Mengen kostengünstig produziert werden. Die Globuskugel besteht in diesem Fall aus stabilem, bruchfestem Kunststoff, auf den das Kartenbild direkt aufgedruckt wird.

Da es jedoch technisch nicht möglich ist, eine Kugel zu bedrucken, muss das Bild der Erde so verzerrt werden, dass man es auf eine ebene, papierähnliche Folie drucken kann. Dafür wird die Erde in zwei Hälften, ihre Nord- und ihre Südhalbkugel, zerlegt. Dann werden die beiden Bilder der Halbkugeln an einigen Stellen gedehnt, an anderen verkleinert. Die Kartografen nennen diesen Vorgang „Projektion“. Werden die ebenen Folien anschließend zu zwei Halbkugeln geformt, erscheinen die Aufdrucke auf den beiden Erdhalbkugeln wieder in den richtigen Größenverhältnissen.

Die Kartensegmente werden vor dem Aufkleben mit Kleister eingestrichen.

Eine Handkaschiererin klebt die Kartenteile sorgfältig auf die Kugel auf.

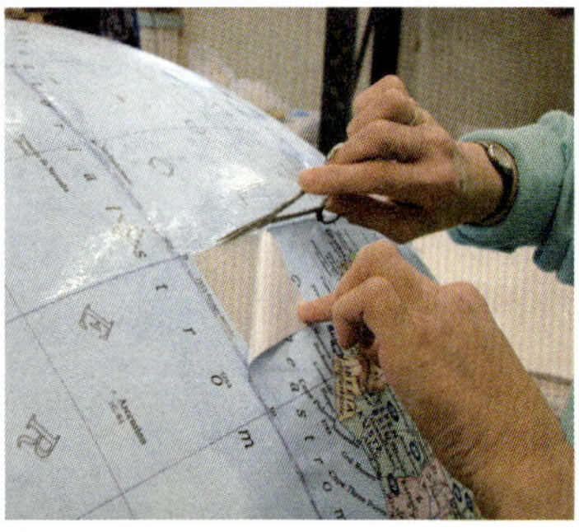

Zum Abschluss werden überstehende Ränder nachgeschnitten.

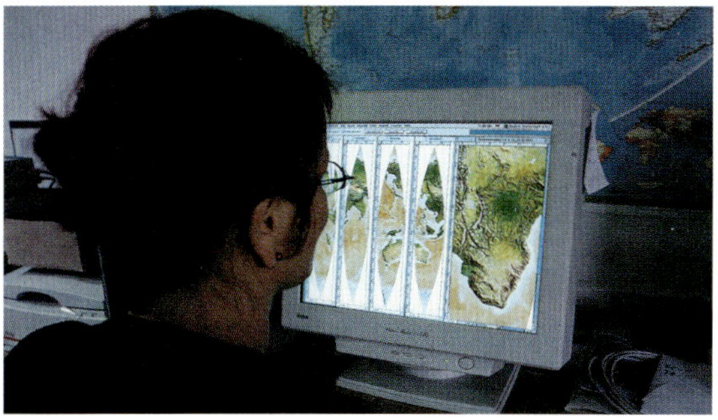
Der Computer errechnet die Karten, die dann Schicht für Schicht auf eine spezielle Folie gedruckt werden.

Die ebene Folie wird erhitzt und von einer speziellen Maschine in eine Halbkugelform gezogen.

Besser verständlich wird das, wenn wir uns einen bedruckten Luftballon vorstellen, der noch nicht mit Luft gefüllt ist. Man kann das aufgedruckte Bild noch nicht genau erkennen. Wird der Luftballon dann aufgeblasen, erscheint das Bild in der vorgesehenen Form.

Um die ebenen, bedruckten Folien in Halbkugeln zu verwandeln, werden sie in einer Vakuum-Tiefziehmaschine erwärmt. Die Maschine gleicht einem großen Staubsauger: Sie zieht die Folie in ihre halbrunde Form. An einer anderen Maschine wird die noch weiche Folie als nächstes mit speziellem Kunststoffmaterial beschichtet. Das macht sie stabil und bruchfest.

Die getrennt hergestellten Nord- und Südhalbkugeln werden anschließend an ihren Rändern zusammengefügt. In der darauf folgenden Endmontage erhält der Globus noch sein Innenleben - die Glühbirne. Damit das Licht nicht an der Verbindungsnaht der beiden Halbkugeln herausscheinen kann, wird die Verbindungsnaht mit einem bedruckten Klebeband abgedeckt. Die Linie auf dem Klebeband stellt gleichzeitig den Äquator dar.

In dieser Maschine eingespannt erhält die Halbkugel ihre innere Beschichtung aus Acrylglasgranulat.

In der Endmontage wird die Glühbirne in den Globus eingesetzt.

Zum Schluss wird das bedruckte Äquatorband über die Verbindungsnaht geklebt.

Planeten und Sonnensystem

Die Entstehung unseres Sonnensystems

Der Ursprung unseres Sonnensystems war wahrscheinlich eine gigantische Wolke aus Gasen und Staub. Vor etwa 4,6 Milliarden Jahren wirbelte sie durch das Weltall, bis sie durch ihre eigene Schwerkraft in sich zusammenfiel. Dadurch rotierte sie immer schneller und aus der Wolke wurde eine flache Scheibe. Das Innere verdichtete sich und heizte sich auf. Das Zentrum der Scheibe wurde zu einem über 10 Millionen Grad Celsius heißen Kern – zu unserer Sonne.

Diese junge und heiße Sonne stieß nun alle Teilchen, hauptsächlich Gesteine und Metalle, von sich fort. Es bildeten sich Staubringe rings um die Sonne, in denen sich die einzelnen Teilchen zu Kleinplaneten zusammenschlossen. Mit einem Durchmesser von etwa zehn Kilometern wirbelten sie um die Sonne und lagerten sich bei jedem Zusammenstoß an größere Brocken an. Dadurch wuchsen die Materialklumpen zu einem Durchmesser von bis zu 1 000 Kilometern heran.

Die Klumpen waren dann schon so groß, dass sie eine eigene Anziehungskraft, die so genannte Schwerkraft, entwickelten. Mit dieser Schwerkraft zogen sie weitere Materie an und es entstanden innerhalb von 100 000 Jahren die Planeten Merkur, Venus und unsere Erde. Nach und nach kamen Mars, Jupiter, Saturn, Uranus und nach einer Milliarde Jahren Neptun dazu.

1930 hatte man einen Himmelskörper jenseits des Neptun entdeckt. Man erklärte ihn zum neunten Planeten und gab ihm den Namen Pluto. Am 24. August 2006 beschlossen die Kongressteilnehmer der Internationalen Astronomischen Union (IAU), Pluto zum Zwergplaneten herabzustufen. Unser Sonnensystem hat nun wieder acht Planeten.

RINGE DES SATURN

Der Saturn ist der zweitgrößte Planet unseres Sonnensystems und besteht im Wesentlichen aus Gas. Er ist von 10 Monden und einem frei schwebenden Ring umgeben, den man durch ein Teleskop mit bloßem Auge erkennen kann. Der Ring des Saturn besteht aus Gesteinsbrocken und ist nach heutigen Erkenntnissen bis zu 2 Kilometer dick.

MONDFINSTERNIS

Eine Mondfinsternis tritt dann ein, wenn sich die Erde zwischen den Mond und die Sonne schiebt und dadurch die Sonnenstrahlen vom Mond fernhält. Von einer totalen Mondfinsternis spricht man, wenn der Mond vollständig in den Kernschatten der Erde eingetaucht ist. Liegt der Mond erst teilweise im Erdschatten, erleben wir eine so genannte partielle Mondfinsternis.

RADIOTELESKOPE

Das Radioteleskop ist das Hauptinstrument in der Radioastronomie. Die riesigen parabolförmigen Messgeräte empfangen Radiofrequenzstrahlungen, die von den Sternen ausgesendet werden. Ein Computer rechnet diese Signale dann in Radiobilder um. Mittels der Radioteleskope lassen sich aktive Galaxien oder Sternsysteme entdecken.

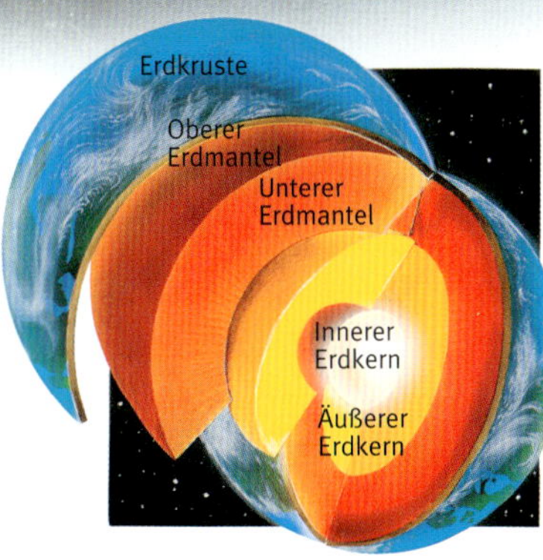

SCHICHTEN DER ERDKUGEL

Unsere Erde besteht aus mehreren Schichten. Dabei bildet die vergleichsweise sehr dünne Erdoberfläche die äußerste Kruste. Nach innen hin wird es zunehmend heißer. Das Gestein im Oberen Erdmantel darunter ist bereits zähflüssig. Der Untere Erdmantel bildet die dickste Schicht. Im Inneren Erdkern herrschen Temperaturen von 6000 Grad Celsius.

MILCHSTRASSE

Die Milchstraße besteht aus einer riesigen großen Menge einzelner Sterne. Sie lässt sich in sternenklaren Nächten als schwach leuchtendes, silbriges Sternenband am Himmel erkennen. Die Milchstraße ist Teil unseres Sternensystems und gleicht einer rotierenden Scheibe, in der die Sonne um den Mittelpunkt kreist.

Politische Weltkarte

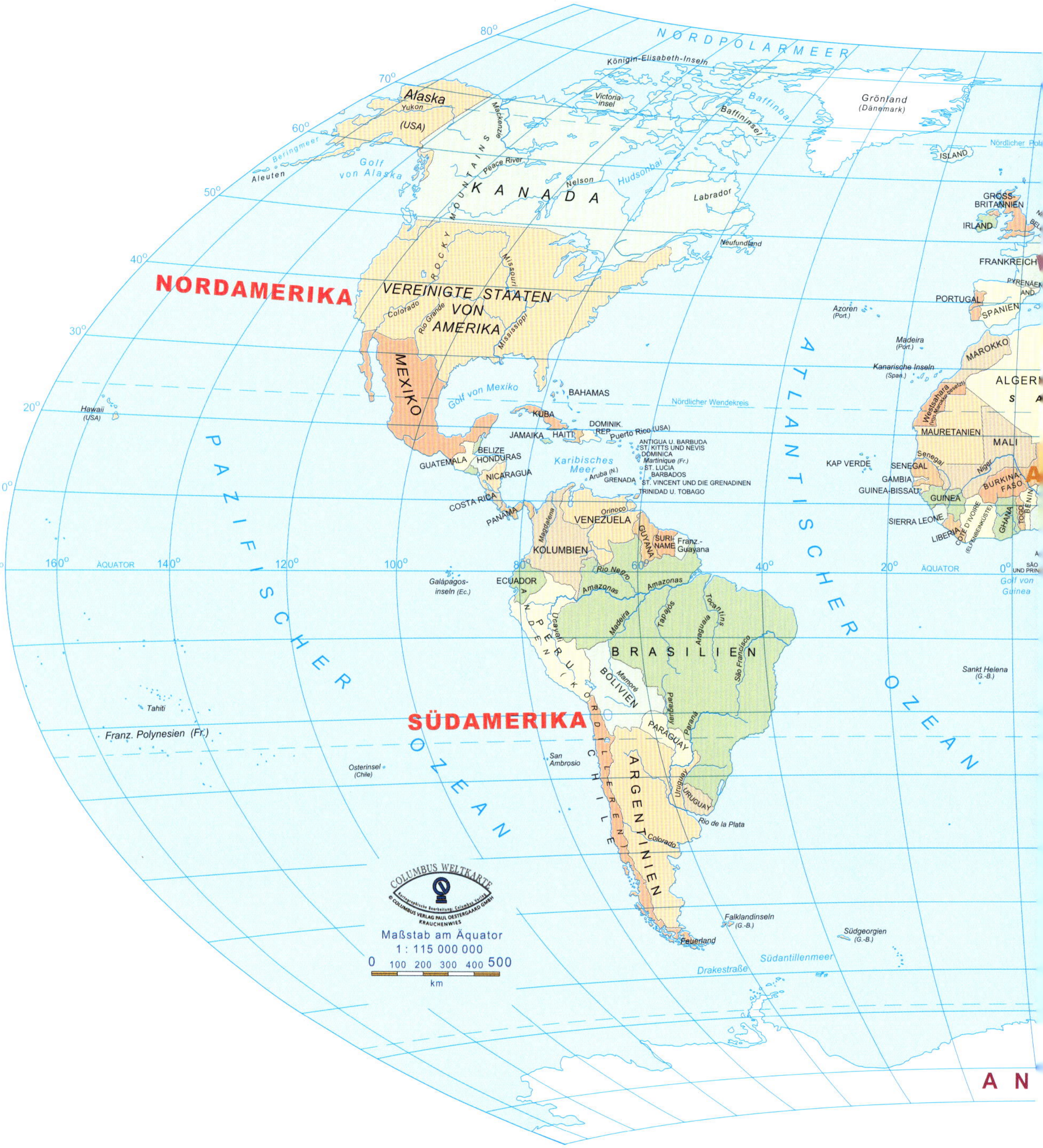

N
W
O
S
NORDPOLARMEER
Franz-Josef-Land
Sewernaja Semlja
Neusibirische Inseln
Wrangelinsel
Nowaja Semlja
SIBIRIEN
Lena
Jenissei
Ob
Angara
URALGEBIRGE
RUSSLAND
EUROPA
FINNLAND
ESTLAND
LETTLAND
LITAUEN
WEISSR.
RUSSLAND
UKRAINE
MOLDAU
RUMÄNIEN
BULG.
GRIECHENL.
Wolga
Irtysch
Schilka
Amur
Beringmeer
Aleuten
SACHALIN
MANDSCHUREI
KASACHSTAN
ASIEN
MONGOLEI
GOBI
USBEKISTAN
KIRGISISTAN
TADSCHIKISTAN
TURKMENISTAN
Tarim He
Kaspisches Meer
Schwarzes Meer
GEORGIEN
ASERB.
ARM.
TÜRKEI
ZYPERN
SYRIEN
LIBANON
ISRAEL
JORDANIEN
IRAK
IRAN
AFGHANISTAN
PAKISTAN
CHINA
Tibet
HIMALAYA
NEPAL
BHUTAN
Huang He
Jangtsekiang
NORDKOREA
SÜDKOREA
JAPAN
Japanisches Meer
Gelbes Meer
Ostchinesisches Meer
TAIWAN
KUWAIT
BAHRAIN
KATAR
VER. ARAB. EMIRATE
SAUDI-ARABIEN
Indus
Ganges
INDIEN
BANGLADESCH
MYANMAR
Mekong
LAOS
VIETNAM
THAILAND
KAMBODSCHA
Südchinesisches Meer
Golf von Bengalen
Arabisches Meer
ÄGYPTEN
Rotes Meer
Nil
SUDAN
TSCHAD
AFRIKA
ERITREA
JEMEN
OMAN
DSCHIBUTI
SÜDSUDAN
ÄTHIOPIEN
SOMALIA
ZENTRALAFRIK. REP.
Kongo
UGANDA
KENIA
RUANDA
BURUNDI
DEM. REP. KONGO
TANSANIA
ANGOLA
SAMBIA
MALAWI
MOSAMBIK
SIMBABWE
KALAHARI
BOTSUANA
NAMIBIA
SWASILAND
SÜDAFRIKA
LESOTHO
Orange
SEYCHELLEN
KOMOREN
MADAGASKAR
MAURITIUS
Réunion (Fr.)
MALEDIVEN
SRI LANKA
PHILIPPINEN
PALAU
BRUNEI
MALAYSIA
SINGAPUR
Celebessee
INDONESIEN
OST-TIMOR
PAPUA-NEUGUINEA
Marianen (USA)
MIKRONESIEN
MARSHALL-INSELN
ÄQUATOR
KIRIBATI
NAURU
SALOMONEN
TUVALU
SAMOA
VANUATU
FIDSCHI
TONGA
Neukaledonien (Fr.)
PAZIFISCHER OZEAN
INDISCHER OZEAN
Südlicher Wendekreis
Großes Barriereriff
AUSTRALIEN
Eyresee
Darling
Tasmanien
NEUSEELAND
Crozetinseln (Fr.)
Kerguelen (Fr.)
Südlicher Polarkreis
ANTARKTIS
0°
10°
20°
30°
40°
50°
60°
70°
80°
100°
120°
140°
160°
180°

Länderlexikon

Afghanistan

Fläche: 652 225 km²
Einwohner: 29,8 Mio.
Bevölkerungswachstum pro Jahr: 2,4%
Lebenserwartung: 45 Jahre
Hauptstadt: Kabul
Andere wichtige Städte: Kandahar, Herat, Mazar-i-Sharif
Höchster Punkt: Nowshak (7 485 m)
Sprache: Paschtu, Dari
Religion: Muslime (Sunniten, Schiiten)
Währung: 1 Afghani = 100 Puls
Nationalfeiertag: 19. August
Zeit: MEZ +3,3 Stunden

Ägypten

Fläche: 1 002 000 km²
Einwohner: 83 Mio.
Bevölkerungswachstum pro Jahr: 1,96%
Lebenserwartung: 73 Jahre
Hauptstadt: Kairo (Al Qahirah)
Andere wichtige Städte: Alexandria, Gise, Port Said
Höchster Punkt: Jabal Katrinah (2 637 m)
Sprache: Arabisch, Englisch
Religion: Muslime (Sunniten), Kopten
Währung: 1 Ägyptisches Pfund = 100 Piaster
Nationalfeiertag: 23. Juli
Zeit: MEZ +1 Stunde

Albanien

Fläche: 28 748 km²
Einwohner: 3,2 Mio.
Bevölkerungswachstum pro Jahr: 0,3%
Lebenserwartung: 77 Jahre
Hauptstadt: Tirana
Andere wichtige Städte: Durrës, Elbasan, Shkodër
Höchster Punkt: Korab (2 764 m)
Sprache: Albanisch
Religion: Muslime (Sunniten), Orthodoxe, Christen
Währung: 1 Lek = 100 Qindarka
Nationalfeiertag: 28. November
Zeit: MEZ

Algerien

Fläche: 2 381 741 km²
Einwohner: 34,9 Mio.
Bevölkerungswachstum pro Jahr: 1,2%
Lebenserwartung: 75 Jahre
Hauptstadt: Algier (Al Jazair)
Andere wichtige Städte: Oran, Constantine, Annaba, Blida, Setif, Batna
Höchster Punkt: Tahat (3 005 m)
Sprache: Arabisch, Berbersprachen, Französisch
Religion: Muslime (Sunniten)
Währung: 1 Algerischer Dinar = 100 Centimes
Nationalfeiertag: 1. November
Zeit: MEZ

Andorra

Fläche: 468 km²
Einwohner: 85 000
Bevölkerungswachstum pro Jahr: 0,33%
Lebenserwartung: 82
Hauptstadt: Andorra la Vella
Andere wichtige Städte: Les Encaldes-Engordany, Encamp
Höchster Punkt: Coma Pedrosa (2 946 m)
Sprache: Katalanisch, Spanisch, Französisch
Religion: Katholiken, Juden
Währung: 1 Euro = 100 Cent
Nationalfeiertag: 8. September
Zeit: MEZ

Angola

Fläche: 1 246 700 km²
Einwohner: 18,5 Mio.
Bevölkerungswachstum pro Jahr: 2%
Lebenserwartung: 39 Jahre
Hauptstadt: Luanda
Andere wichtige Städte: Huambo, Benguela, Lobito, Lubango
Höchster Punkt: Serra Moco (2 620 m)
Sprache: Portugiesisch, Bantusprachen
Religion: Christen
Währung: 1 Kwanza = 100 Lwei
Nationalfeiertag: 11. November
Zeit: MEZ

Antigua und Barbuda

Fläche: 442 km²
Einwohner: 88 000
Bevölkerungswachstum pro Jahr: 1,3%
Lebenserwartung: 75 Jahre
Hauptstadt: Saint John's
Andere wichtige Städte: Codrington, English Harbour
Höchster Punkt: Boggy Peak (402 m)
Sprache: Englisch, Kreolisch
Religion: Protestanten, Katholiken, Zeugen Jehovas
Währung: 1 Ostkaribischer Dollar = 100 Cents
Nationalfeiertag: 1. November
Zeit: MEZ –5 Stunden

Äquatorialguinea

Fläche: 28 051 km²
Einwohner: 676000
Bevölkerungswachstum pro Jahr: 2,6%
Lebenserwartung: 62 Jahre
Hauptstadt: Malabo
Andere wichtige Städte: Bata, Luba
Höchster Punkt: Pico de Santa Isabel (3 007 m)
Sprache: Spanisch, Bantusprachen, Pidgin-Englisch, kreolisches Portugiesisch
Religion: Christen, Volksreligionen, Muslime
Währung: 1 CFA Franc = 100 Centimes
Nationalfeiertag: 12. Oktober
Zeit: MEZ

Argentinien

Fläche: 2 780 400 km²
Einwohner: 40,3 Mio.
Bevölkerungswachstum pro Jahr: 1%
Lebenserwartung: 77 Jahre
Hauptstadt: Buenos Aires
Andere wichtige Städte: Cordoba, Rosario, La Plata, Morón
Höchster Punkt: Aconcagua (6 960 m)
Sprache: Spanisch
Religion: Christen
Währung: 1 Argentinischer Peso = 100 Centavos
Nationalfeiertag: 25. Mai
Zeit: MEZ –4 Stunden

Armenien

Fläche: 29 743 km²
Einwohner: 3,1 Mio.
Bevölkerungswachstum pro Jahr: 0%
Lebenserwartung: 73 Jahre
Hauptstadt: Erewan
Andere wichtige Städte: Kirowakan, Kumajri
Höchster Punkt: Aragaz (4 090 m)
Sprache: Armenisch, Russisch, Kurdisch
Religion: Armenisch-Orthodoxe, Russisch-Orthodoxe, Muslime
Währung: 1 Dram = 100 Luma
Nationalfeiertag: 21. September
Zeit: MEZ +3 Stunden

ASERBAIDSCHAN

Fläche: 86 600 km²
Einwohner: 8,8 Mio.
Bevölkerungswachstum pro Jahr: 0,8%
Lebenserwartung: 67 Jahre
Hauptstadt: Baku
Andere wichtige Städte: Gäncä, Sumqayit, Mingäçevir
Höchster Punkt: Bazardüzü (4 480 m)
Sprache: Aseri-Türkisch, Russisch
Religion: Muslime, Russisch-Orthodoxe, Armenisch-Orthodoxe
Währung: 1 Aserbaidschan Manat = 100 Gepik
Nationalfeiertag: 28. Mai
Zeit: MEZ +3 Stunden

ÄTHIOPIEN

Fläche: 1 133 380 km²
Einwohner: 82,8 Mio.
Bevölkerungswachstum pro Jahr: 3,2%
Lebenserwartung: 56 Jahre
Hauptstadt: Addis Abeba
Andere wichtige Städte: Dire Dawa, Harer, Nazret, Gonder
Höchster Punkt: Ras Daschan (4 620 m)
Sprache: Oromiffa, Amharisch, Englisch
Religion: Muslime (Sunniten), Äthiopisch-Orthodoxe Christen, Animisten
Währung: 1 Birr = 100 Cents
Nationalfeiertag: 28. Mai
Zeit: MEZ +2 Stunden

AUSTRALIEN

Fläche: 7 692 030 km²
Einwohner: 21,8 Mio.
Bevölkerungswachstum pro Jahr: 1,1%
Lebenserwartung: 82 Jahre
Hauptstadt: Canberra
Andere wichtige Städte: Sydney, Melbourne, Brisbane
Höchster Punkt: Mount Kosciusko (2 230 m)
Sprache: Englisch
Religion: Christen
Währung: 1 Australischer Dollar = 100 Cents
Nationalfeiertag: 26. Januar
Zeit: MEZ +7 bis +9 Stunden

BAHAMAS

Fläche: 13 939 km²
Einwohner: 342 000
Bevölkerungswachstum pro Jahr: 1,0%
Lebenserwartung: 71 Jahre
Hauptstadt: Nassau
Andere wichtige Städte: Freeport, High Rock, West End
Höchster Punkt: Cat Island (63 m)
Sprache: Englisch, Kreolisch
Religion: Christen
Währung: 1 Bahama Dollar = 100 Cents
Nationalfeiertag: 10. Juli
Zeit: MEZ –6 Stunden

BAHRAIN

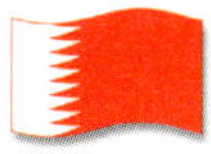

Fläche: 716 km²
Einwohner: 791 000
Bevölkerungswachstum pro Jahr: 2,8%
Lebenserwartung: 78 Jahre
Hauptstadt: Manama
Andere wichtige Städte: Muharrak, Rifa'a, Jidd Hafs
Höchster Punkt: Jabal ad Dukhan (122 m)
Sprache: Arabisch, Englisch
Religion: Muslime (Schiiten, Sunniten)
Währung: 1 Bahrain Dinar = 1000 Fils
Nationalfeiertag: 16. Dezember
Zeit: MEZ +2 Stunden

BANGLADESCH

Fläche: 147 570 km²
Einwohner: 162 Mio.
Bevölkerungswachstum pro Jahr: 1,6%
Lebenserwartung: 70 Jahre
Hauptstadt: Dhaka
Andere wichtige Städte: Chittagong, Khulna
Höchster Punkt: Keokradong (1 230 m)
Sprache: Bengali, Englisch
Religion: Muslime, Hindus
Währung: 1 Taka = 100 Poisha
Nationalfeiertag: 26. März
Zeit: MEZ +5 Stunden

BARBADOS

Fläche: 430 km²
Einwohner: 256 000
Bevölkerungswachstum pro Jahr: 0,4%
Lebenserwartung: 74 Jahre
Hauptstadt: Bridgetown
Andere wichtige Städte: Speightstown, Bathsheba
Höchster Punkt: Mount Hillaby (336 m)
Sprache: Englisch, Bajan
Religion: Christen
Währung: 1 Barbados Dollar = 100 Cents
Nationalfeiertag: 30. November
Zeit: MEZ –5 Stunden

BELGIEN

Fläche: 32 545 km²
Einwohner: 10,8 Mio.
Bevölkerungswachstum pro Jahr: 0,1%
Lebenserwartung: 80 Jahre
Hauptstadt: Brüssel
Andere wichtige Städte: Antwerpen, Gent, Brügge, Lüttich
Höchster Punkt: Botrange (694 m)
Sprache: Niederländisch, Französisch, Deutsch
Religion: Katholiken, Freisinnige
Währung: 1 Euro = 100 Cent
Nationalfeiertag: 21. Juli
Zeit: MEZ

BELIZE

Fläche: 22 965 km²
Einwohner: 333 000
Bevölkerungswachstum pro Jahr: 2,1%
Lebenserwartung: 68 Jahre
Hauptstadt: Belmopan
Andere wichtige Städte: Belize, Orange Walk, San Ignazio
Höchster Punkt: Victoria Peak (1 160 m)
Sprache: Englisch, Kreolisch, Spanisch
Religion: Christen
Währung: 1 Belize Dollar = 100 Cents
Nationalfeiertag: 21. September
Zeit: MEZ –7 Stunden

BENIN

Fläche: 112 622 km²
Einwohner: 8,9 Mio.
Bevölkerungswachstum pro Jahr: 2,9%
Lebenserwartung: 60 Jahre
Hauptstädt: Porto Novo und Cotonou
Andere wichtige Städte: Djougou, Parakou
Höchster Punkt: Atakoragebirge (800 m)
Sprache: Französisch, afrikanische Sprachen
Religion: Naturreligionen, Muslime, Christen
Währung: 1 CFA Franc = 100 Centimes
Nationalfeiertag: 1. August
Zeit: MEZ

BHUTAN

Fläche: 38 394 km²
Einwohner: 697 000
Bevölkerungswachstum pro Jahr: 1,2%
Lebenserwartung: 67 Jahre
Hauptstadt: Thimbu
Andere wichtige Städte: Punakha
Höchster Punkt: Kula Kangri (7 553 m)
Sprache: Dzonka, Englisch, tibetische Dialekte
Religion: Buddhisten, Hindus
Währung: 1 Ngultrum = 100 Chhetrum
Nationalfeiertag: 17. Dezember
Zeit: MEZ +5 Stunden

BOLIVIEN

Fläche: 1 098 581 km^2
Einwohner: 9,8 Mio.
Bevölkerungswachstum pro Jahr: 1,7%
Lebenserwartung: 68 Jahre
Hauptstadt: Sucre, La Paz (Regierungssitz)
Andere wichtige Städte: Santa Cruz, Cochabamba, La Paz
Höchster Punkt: Illimani (6 438 m)
Sprache: Spanisch, Ketschua, Aymará
Religion: Christen
Währung: 1 Boliviano = 100 Centavos
Nationalfeiertag: 6. August
Zeit: MEZ –5 Stunden

BOSNIEN-HERZEGOWINA

Fläche: 51 129 km^2
Einwohner: 3,8 Mio.
Bevölkerungswachstum pro Jahr: 0,0%
Lebenserwartung: 79 Jahre
Hauptstadt: Sarajevo
Andere wichtige Städte: Banja Luka, Mostar, Zenica
Höchster Punkt: Maglic (2 387 m)
Sprache: Bosnisch, Kroatisch, Serbisch
Religion: Muslime, Orthodoxe, Katholiken
Währung: 1 konvert. Mark = 100 Fening
Nationalfeiertag: 1. März
Zeit: MEZ

BOTSWANA

Fläche: 581 730 km^2
Einwohner: 1,9 Mio.
Bevölkerungswachstum pro Jahr: 1,6%
Lebenserwartung: 58 Jahre
Hauptstadt: Gaborone
Andere wichtige Städte: Francistown, Selebi Phikwe, Molepolole
Höchster Punkt: Otse (1 489 m)
Sprache: Setswana, Englisch
Religion: Christen, Naturreligionen
Währung: 1 Pula = 100 Thebe
Nationalfeiertag: 30. September
Zeit: MEZ +1 Stunde

BRASILIEN

Fläche: 8 547 404 km^2
Einwohner: 193,7 Mio.
Bevölkerungswachstum pro Jahr: 1,1%
Lebenserwartung: 73 Jahre
Hauptstadt: Brasilia
Andere wichtige Städte: São Paulo, Rio de Janeiro
Höchster Punkt: Pico da Neblina (3 014 m)
Sprache: Portugiesisch
Religion: Katholiken
Währung: 1 Real = 100 Centavos
Nationalfeiertag: 7. September
Zeit: MEZ –3 bis –6 Stunden

BRUNEI

Fläche: 5 765 km^2
Einwohner: 400 000
Bevölkerungswachstum pro Jahr: 1,7%
Lebenserwartung: 76 Jahre
Hauptstadt: Bandar Seri Begawan
Andere wichtige Städte: Kuala Belait, Seria
Höchster Punkt: Bukit Pagon (1 850 m)
Sprache: Malaiisch, Englisch, Chinesisch
Religion: Muslime, Buddhisten, Christen
Währung: 1 Brunei Dollar = 100 Cents
Nationalfeiertag: 23. Februar
Zeit: MEZ +7 Stunden

BULGARIEN

Fläche: 110 994 km^2
Einwohner: 7,6 Mio.
Bevölkerungswachstum pro Jahr: –0,8%
Lebenserwartung: 74 Jahre
Hauptstadt: Sofia
Andere wichtige Städte: Plovdiv, Varna, Burgas
Höchster Punkt: Musala (2 925 m)
Sprache: Bulgarisch
Religion: Orthodoxe, Muslime, Katholiken
Währung: 1 Lew = 100 Stótinki
Nationalfeiertag: 3. März
Zeit: MEZ +1 Stunde

BURKINA-FASO

Fläche: 274 000 km^2
Einwohner: 15,7 Mio.
Bevölkerungswachstum pro Jahr: 3,1%
Lebenserwartung: 54 Jahre
Hauptstadt: Ouagadougou
Andere wichtige Städte: Bobo-Dioulasso, Koudougou
Höchster Punkt: Ténakourou (747 m)
Sprache: Französisch, More, Diula, Fulbe
Religion: Naturreligionen, Muslime, Christen
Währung: 1 CFA Franc = 100 Centimes
Nationalfeiertag: 11. Dezember
Zeit: MEZ –1 Stunde

BURUNDI

Fläche: 27 834 km^2
Einwohner: 8,3 Mio.
Bevölkerungswachstum pro Jahr: 3,5%
Lebenserwartung: 59 Jahre
Hauptstadt: Bujumbura
Andere wichtige Städte: Gitega, Muyinga, Ngozi
Höchster Punkt: Mount Heha (2 670 m)
Sprache: Kirundi, Französisch, Suaheli
Religion: Christen, Naturreligionen, Muslime
Währung: 1 Burundi-Franc = 100 Centimes
Nationalfeiertag: 1. Juli
Zeit: MEZ +1 Stunde

CHILE

Fläche: 756 096 km^2
Einwohner: 17,0 Mio.
Bevölkerungswachstum pro Jahr: 0,8%
Lebenserwartung: 78 Jahre
Hauptstadt: Santiago
Andere wichtige Städte: Puente Alto, Concepción, Viña del Mar, Valparaìso
Höchste Punkte: Ojos del Salado (6 863 m), Llullaillaco (6 723 m)
Sprache: Spanisch
Religion: Christen
Währung: 1 Chilenischer Peso = 100 Centavos
Nationalfeiertag: 18. September
Zeit: MEZ –5 Stunden

CHINA

Fläche: 9 572 419 km^2
Einwohner: 1,339 Mrd.
Bevölkerungswachstum pro Jahr: 0,5%
Lebenserwartung: 75 Jahre
Hauptstadt: Beijing
Andere wichtige Städte: Hongkong, Shanghai, Tianjin
Höchste Punkte: Mount Everest (8 848 m), Nanga Parbat (8 125 m)
Sprache: Chinesisch
Religion: Konfessionslose, Volksreligionen, Buddhisten, Muslime, Daoisten, Konfuzianer
Währung: 1 Yuan = 10 Jiao = 100 Fen
Nationalfeiertag: 1. Oktober
Zeit: MEZ +7 Stunden

COSTA RICA

Fläche: 51 100 km^2
Einwohner: 4,6 Mio.
Bevölkerungswachstum pro Jahr: 1,3%
Lebenserwartung: 78 Jahre
Hauptstadt: San José
Andere wichtige Städte: Puerto Limón, Alajuela, Cartago
Höchster Punkt: Chirripó Grande (3 810 m)
Sprache: Spanisch
Religion: Christen
Währung: 1 Costa Rica Colón = 100 Céntimos
Nationalfeiertag: 15. September
Zeit: MEZ –7 Stunden

COTE D' IVOIRE (ELFENBEINKÜSTE)

Fläche: 322 463 km²
Einwohner: 21,1 Mio.
Bevölkerungswachstum pro Jahr: 2,1%
Lebenserwartung: 57 Jahre
Hauptstadt: Yamoussoukro
Andere wichtige Städte: Abidjan, Bouaké, Daloa, Korhogo
Höchster Punkt: Mount Nimba (1 752 m)
Sprache: Französisch
Religion: Muslime, Christen, Naturreligionen
Währung: 1 CFA Franc = 100 Centimes
Nationalfeiertag: 7. August
Zeit: MEZ –1 Stunde

DÄNEMARK

Fläche: 43 096 km²
Einwohner: 5,5 Mio.
Bevölkerungswachstum pro Jahr: 0,3%
Lebenserwartung: 78 Jahre
Hauptstadt: Kopenhagen
Andere wichtige Städte: Århus, Odense
Höchster Punkt: Yding Skovhoj (173 m)
Sprache: Dänisch
Religion: Christen, Muslime
Währung: 1 Dänische Krone = 100 Øre
Nationalfeiertag: 5. Juni
Zeit: MEZ

DEUTSCHLAND

Fläche: 357 123 km²
Einwohner: 81,9 Mio.
Bevölkerungswachstum pro Jahr: -0,2%
Lebenserwartung: 80 Jahre
Hauptstadt: Berlin
Andere wichtige Städte: Hamburg, München, Köln
Höchster Punkt: Zugspitze (2962 m)
Sprache: Deutsch
Religion: Christen, Muslime
Währung: 1 Euro = 100 Cent
Nationalfeiertag: 3. Oktober
Zeit: MEZ

DOMINICA

Fläche: 751 km²
Einwohner: 74 000
Bevölkerungswachstum pro Jahr: 0,2%
Lebenserwartung: 76 Jahre
Hauptstadt: Roseau
Andere wichtige Städte: Marigot
Höchster Punkt: Morne Diablotin (1 447 m)
Sprache: Englisch, Patois
Religion: Christen
Währung: 1 Ostkaribischer Dollar = 100 Cents
Nationalfeiertag: 3. November
Zeit: MEZ –5 Stunden

DOMINIKANISCHE REPUBLIK

Fläche: 48 671 km²
Einwohner: 10,1 Mio.
Bevölkerungswachstum pro Jahr: 1,3%
Lebenserwartung: 77 Jahre
Hauptstadt: Santo Domingo
Andere wichtige Städte: Santiago, La Romana
Höchster Punkt: Pico Duarte (3 175 m)
Sprache: Spanisch
Religion: Katholiken
Währung: 1 Dominikanischer Peso = 100 Centavos
Nationalfeiertag: 27. Februar
Zeit: MEZ –5 Stunden

DSCHIBUTI

Fläche: 23 200 km²
Einwohner: 864 000
Bevölkerungswachstum pro Jahr: 2,2%
Lebenserwartung: 61 Jahre
Hauptstadt: Dschibuti
Andere wichtige Städte: Tadjoura, Ali-Sabieh
Höchster Punkt: Moussa Ali (2 063 m)
Sprache: Arabisch, Französisch, kuschitische Sprachen
Religion: Muslime (Sunniten), Christen
Währung: 1 Dschibuti-Franc = 100 Centimes
Nationalfeiertag: 27. Juni
Zeit: MEZ +2 Stunden

ECUADOR

Fläche: 256 370 km²
Einwohner: 13,6 Mio
Bevölkerungswachstum pro Jahr: 1,4%
Lebenserwartung: 76 Jahre
Hauptstadt: Quito
Andere wichtige Städte: Guayaquil, Cuenca
Höchster Punkt: Chimborazo (6 267 m)
Sprache: Spanisch, Ketschua
Religion: Christen
Währung: 1 US-Dollar = 100 Cents
Nationalfeiertag: 10. August
Zeit: MEZ –6 Stunden

EL SALVADOR

Fläche: 21 041 km²
Einwohner: 6,2 Mio.
Bevölkerungswachstum pro Jahr: 0,3%
Lebenserwartung: 73 Jahre
Hauptstadt: San Salvador
Andere wichtige Städte: Santa Ana, San Miguel
Höchster Punkt: Monte Cristo (2 418 m)
Sprache: Spanisch, indianische Sprachen
Religion: Katholiken
Währung: 1 El Salvador Colón = 100 Centavos
Nationalfeiertag: 15. September
Zeit: MEZ –7 Stunden

ERITREA

Fläche: 121 144 km²
Einwohner: 5,1 Mio.
Bevölkerungswachstum pro Jahr: 2,4%
Lebenserwartung: 63 Jahre
Hauptstadt: Asmara
Andere wichtige Städte: Massawa, Assab, Keren
Höchster Punkt: Soira (3 018 m)
Sprache: Tigrinja, Arabisch, Englisch, Dialekte
Religion: Orthodoxe, Christen, Muslime
Währung: 1 Nakfa = 100 Cents
Nationalfeiertag: 24. Mai
Zeit: MEZ +2 Stunden

ESTLAND

Fläche: 45 227 km²
Einwohner: 1,3 Mio.
Bevölkerungswachstum pro Jahr: –0,6%
Lebenserwartung: 73 Jahre
Hauptstadt: Tallinn
Andere wichtige Städte: Tartu, Narva, Kohtla-Järve
Höchster Punkt: Munamägi (318 m)
Sprache: Estnisch, Russisch
Religion: Protestanten, orthodoxe Christen
Währung: 1 Euro = 100 Cent
Nationalfeiertag: 24. Februar
Zeit: MEZ +1 Stunde

FIDSCHI

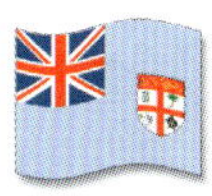

Fläche: 18 376 km²
Einwohner: 849 000
Bevölkerungswachstum pro Jahr: 0,8%
Lebenserwartung: 71 Jahre
Hauptstadt: Suva
Andere wichtige Städte: Lautoka, Labasa, Nadi
Höchster Punkt: Mount Tomanivi (1 323 m)
Sprache: Fidschianisch, Englisch, Hindi
Religion: Christen, Hindus, Muslime
Währung: 1 Fidschi Dollar = 100 Cents
Nationalfeiertag: 10. Oktober
Zeit: MEZ +11 Stunden

Finnland

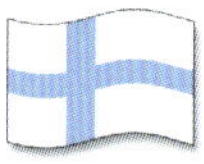

Fläche: 390 920 km^2
Einwohner: 5,3 Mio.
Bevölkerungswachstum pro Jahr: 0,1%
Lebenserwartung: 79 Jahre
Hauptstadt: Helsinki
Andere wichtige Städte: Tampere, Turku, Espoo
Höchster Punkt: Haltiatunturi (1 328 m)
Sprache: Finnisch, Schwedisch
Religion: Christen
Währung: 1 Euro = 100 Cent
Nationalfeiertag: 6. Dezember
Zeit: MEZ +1 Stunde

Frankreich

Fläche: 543 965 km^2
Einwohner: 62,6 Mio.
Bevölkerungswachstum pro Jahr: 0,5%
Lebenserwartung: 81 Jahre
Hauptstadt: Paris
Andere wichtige Städte: Lyon, Marseille, Bordeaux, Nizza
Höchster Punkt: Mont Blanc (4 807 m)
Sprache: Französisch
Religion: Christen, Muslime
Währung: 1 Euro = 100 Cent
Nationalfeiertag: 14. Juli
Zeit: MEZ

Gabun

Fläche: 267 667 km^2
Einwohner: 1,5 Mio.
Bevölkerungswachstum pro Jahr: 2,0%
Lebenserwartung: 52 Jahre
Hauptstadt: Libreville
Andere wichtige Städte: Port-Gentil, Franceville
Höchster Punkt: Mont Iboundji (1 575 m)
Sprache: Französisch, Bantusprachen
Religion: Christen
Währung: 1 CFA Franc = 100 Centimes
Nationalfeiertag: 17. August
Zeit: MEZ

Gambia

Fläche: 11 295 km^2
Einwohner: 1,7 Mio.
Bevölkerungswachstum pro Jahr: 2,4%
Lebenserwartung: 64 Jahre
Hauptstadt: Banjul
Andere wichtige Städte: Serekunda, Brikama
Höchster Punkt: Plateaus im Osten bis 200 m
Sprache: Englisch, Mandingo, Wolof
Religion: Muslime, Christen
Währung: 1 Dalasi = 100 Butut
Nationalfeiertag: 18. Februar
Zeit: MEZ –1 Stunde

Georgien

Fläche: 69 700 km^2
Einwohner: 4,3 Mio.
Bevölkerungswachstum pro Jahr: –0,3%
Lebenserwartung: 77 Jahre
Hauptstadt: Tiflis
Andere wichtige Städte: Suchumi, Kutaisi, Batumi
Höchster Punkt: Elbrus (5 642 m)
Sprache: Georgisch, Russisch, Armenisch
Religion: Christen, Muslime
Währung: 1 Lari = 100 Tetri
Nationalfeiertag: 26. Mai
Zeit: MEZ +3 Stunden

Ghana

Fläche: 238 537 km^2
Einwohner: 23,8 Mio.
Bevölkerungswachstum pro Jahr: 1,8%
Lebenserwartung: 61 Jahre
Hauptstadt: Accra
Andere wichtige Städte: Kumasi, Tumale, Tema
Höchster Punkt: Hochland von Ashanti (885 m)
Sprache: Englisch, 75 Dialekte
Religion: Christen, Muslime, Naturreligionen
Währung: 1 Cedi = 100 Pesewas
Nationalfeiertag: 6. März
Zeit: MEZ –1 Stunde

Grenada

Fläche: 344 km^2
Einwohner: 104 000
Bevölkerungswachstum pro Jahr: 0,5%
Lebenserwartung: 73 Jahre
Hauptstadt: Saint George's
Andere wichtige Städte: Gouyave, Grenville
Höchster Punkt: Mount St. Catherine (840 m)
Sprache: Englisch, Patois
Religion: Christen, Anglikaner
Währung: 1 Ostkaribischer Dollar = 100 Cents
Nationalfeiertag: 7. Februar
Zeit: MEZ –5 Stunden

Griechenland

Fläche: 131 957 km^2
Einwohner: 11,3 Mio.
Bevölkerungswachstum pro Jahr: 0,1%
Lebenserwartung: 80 Jahre
Hauptstadt: Athen
Andere wichtige Städte: Thessaloniki, Patras, Piräus
Höchster Punkt: Olymp (2 917 m)
Sprache: Griechisch
Religion: Orthodoxe Christen
Währung: 1 Euro = 100 Cent
Nationalfeiertag: 25. März
Zeit: MEZ +1 Stunde

Grossbritannien

Fläche: 242 910 km^2
Einwohner: 61,8 Mio
Bevölkerungswachstum pro Jahr: 0,6%
Lebenserwartung: 80 Jahre
Hauptstadt: London
Andere wichtige Städte: Birmingham, Glasgow, Leeds
Höchster Punkt: Ben Nevis (1 343 m)
Sprache: Englisch
Religion: Anglikaner, Katholiken, Presbyterianer
Währung: 1 Pfund Sterling = 100 Pence
Nationalfeiertag: 2. Samstag im Juni
Zeit: MEZ –1 Stunde

Guatemala

Fläche: 108 889 km^2
Einwohner: 14 Mio.
Bevölkerungswachstum pro Jahr: 2,0%
Lebenserwartung: 71 Jahre
Hauptstadt: Guatemala-Stadt
Andere wichtige Städte: Escuintla, Quezaltenango
Höchster Punkt: Tajumulco (4 220 m)
Sprache: Spanisch, Maya-Quiché-Dialekte
Religion: Christen
Währung: 1 Quetzal = 100 Centavos
Nationalfeiertag: 15. September
Zeit: MEZ –7 Stunden

Guinea

Fläche: 245 857 km^2
Einwohner: 10,1 Mio.
Bevölkerungswachstum pro Jahr: 2,6%
Lebenserwartung: 58 Jahre
Hauptstadt: Conakry
Andere wichtige Städte: Labe, Kankan, Kindia
Höchster Punkt: Mount Nimba (1 752 m)
Sprache: Französisch, Stammessprachen
Religion: Muslime, Christen
Währung: 1 Guinea Franc = 100 Cauris
Nationalfeiertag: 2. Oktober
Zeit: MEZ –1 Stunde

Guinea-Bissau

Fläche: 36 125 km²
Einwohner: 1,6 Mio.
Bevölkerungswachstum pro Jahr: 2,0%
Lebenserwartung: 49 Jahre
Hauptstadt: Bissau
Andere wichtige Städte: Bafatá, Gabú
Höchster Punkt: –
Sprache: Portugiesisch, Kreolisch, Stammesdialekte
Religion: Naturreligionen, Muslime, Christen
Währung: 1 CFA-Franc = 100 Centimes
Nationalfeiertag: 24. September
Zeit: MEZ –1 Stunden

Guyana

Fläche: 214 969 km²
Einwohner: 762 000
Bevölkerungswachstum pro Jahr: -0,4%
Lebenserwartung: 67 Jahre
Hauptstadt: Georgetown
Andere wichtige Städte: Linden (Mackenzie), New Amsterdam
Höchster Punkt: Roraima (2 810 m)
Sprache: Englisch, Hindi, Urdu
Religion: Christen, Hindus, Muslime
Währung: 1 Guyana Dollar = 100 Cents
Nationalfeiertag: 23. Februar
Zeit: MEZ –5 Stunden

Haiti

Fläche: 27 750 km²
Einwohner: 10 Mio.
Bevölkerungswachstum pro Jahr: 0,8%
Lebenserwartung: 62 Jahre
Hauptstadt: Port-au-Prince
Andere wichtige Städte: Cap-Haïtien, Carrefour, Delmas
Höchster Punkt: Pic de la Selle (2 680 m)
Sprache: Französisch, Kreolisch
Religion: Christen, Voodoo Kulte
Währung: 1 Gourde = 100 Centimes
Nationalfeiertag: 1. Januar
Zeit: MEZ –6 Stunden

Honduras

Fläche: 112 492 km²
Einwohner: 7,47 Mio.
Bevölkerungswachstum pro Jahr: 1,8%
Lebenserwartung: 71 Jahre
Hauptstadt: Tegucigalpa
Andere wichtige Städte: San Pedro Sula, La Ceiba
Höchster Punkt: Cerro de Las Minas (2 849 m)
Sprache: Spanisch, Englisch, indianische Dialekte
Religion: Christen
Währung: 1 Lempira = 100 Centavos
Nationalfeiertag: 15. September
Zeit: MEZ –7 Stunden

Indien

Fläche: 3 287 263 km²
Einwohner: 1,155 Mrd.
Bevölkerungswachstum pro Jahr: 1,3%
Lebenserwartung: 67 Jahre
Hauptstadt: Neu-Delhi
Andere wichtige Städte: Kolkata (Kalkutta), Mumbai (Bombay), Chennai (Madras)
Höchster Punkt: Kanchenjunga (8 589 m)
Sprache: Hindi, Englisch, Regionalsprachen
Religion: Hindus, Muslime
Währung: 1 Indische Rupie = 100 Paise
Nationalfeiertag: 26. Januar
Zeit: MEZ +4,5 Stunden

Indonesien

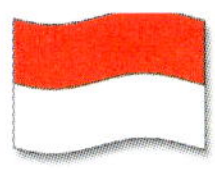

Fläche: 1 912 988 km²
Einwohner: 229,9 Mio.
Bevölkerungswachstum pro Jahr: 1,1%
Lebenserwartung: 71 Jahre
Hauptstadt: Jakarta
Andere wichtige Städte: Surabaya, Bandung, Medan
Höchster Punkt: Puncak Jaya (5 030 m)
Sprache: Indonesisch, Englisch, lokale Sprachen
Religion: Muslime, Christen, Hindus
Währung: 1 Rupiah = 100 Sen
Nationalfeiertag: 17. August
Zeit: MEZ +6 bis +8 Stunden

Irak

Fläche: 438 317 km²
Einwohner: 31,5 Mio.
Bevölkerungswachstum pro Jahr: 2,4%
Lebenserwartung: 71 Jahre
Hauptstadt: Bagdad
Andere wichtige Städte: Basra, Al-Mawsil, Irbil
Höchster Punkt: Keli Haji Ibrahim (3 600 m)
Sprache: Arabisch, Kurdisch, Türkisch, Kaukasisch, Persisch
Religion: Muslime (Schiiten, Sunniten)
Währung: 1 Irak Dinar = 1000 Fils
Nationalfeiertag: 9. April
Zeit: MEZ +2 Stunden

Iran

Fläche: 1 648 000 km²
Einwohner: 72,9 Mio.
Bevölkerungswachstum pro Jahr: 1,2%
Lebenserwartung: 70 Jahre
Hauptstadt: Teheran
Andere wichtige Städte: Mesched, Isfahan, Tabriz
Höchster Punkt: Demawend (5 671 m)
Sprache: Persisch (Farsi), Kurdisch, Turksprachen
Religion: Muslime (Schiiten)
Währung: 1 Rial = 100 Dinars
Nationalfeiertag: 11. Februar
Zeit: MEZ +2,5 Stunden

Irland

Fläche: 70 273 km²
Einwohner: 4,450 Mio.
Bevölkerungswachstum pro Jahr: 1,1%
Lebenserwartung: 80 Jahre
Hauptstadt: Dublin
Andere wichtige Städte: Cork, Limerick, Galway
Höchster Punkt: Carn Tuathail (1 041 m)
Sprache: Englisch, Gälisch (Irisch)
Religion: Katholiken, Anglikaner
Währung: 1 Euro = 100 Cent
Nationalfeiertag: 17. März
Zeit: MEZ –1 Stunde

Island

Fläche: 103 000 km²
Einwohner: 319 000
Bevölkerungswachstum pro Jahr: 0,7%
Lebenserwartung: 81 Jahre
Hauptstadt: Reykjavík
Andere wichtige Städte: Kópavogur, Akureyri
Höchster Punkt: Hvannadalshnúkur (2 119 m)
Sprache: Isländisch
Religion: Protestanten
Währung: 1 Isländische Krone = 100 Aurar
Nationalfeiertag: 17. Juni
Zeit: MEZ –1 Stunde

Israel

Fläche: 20 991 km²
Einwohner: 7,4 Mio.
Bevölkerungswachstum pro Jahr: 1,6%
Lebenserwartung: 81 Jahre
Hauptstadt: Jerusalem
Andere wichtige Städte: Tel Aviv, Haifa
Höchster Punkt: Hare Meron (1 208 m)
Sprache: Hebräisch, Arabisch, Englisch
Religion: Juden, Muslime
Währung: 1 Neuer Schekel = 100 Agorot
Nationalfeiertag: 14. Mai
Zeit: MEZ +1 Stunde

Italien

Fläche: 301 336 km^2
Einwohner: 60,2 Mio.
Bevölkerungswachstum pro Jahr: 0,4%
Lebenserwartung: 82 Jahre
Hauptstadt: Rom
Andere wichtige Städte: Mailand, Neapel, Turin
Höchste Punkte: Mont Blanc de Courmayeur (4 748 m), Sizilien: Ätna (3 350 m)
Sprache: Italienisch, regional Deutsch und Französisch
Religion: Katholiken
Währung: 1 Euro = 100 Cent
Nationalfeiertag: 02. Juni
Zeit: MEZ

Jamaika

Fläche: 10 991 km^2
Einwohner: 2,7 Mio.
Bevölkerungswachstum pro Jahr: 0,7%
Lebenserwartung: 73 Jahre
Hauptstadt: Kingston
Andere wichtige Städte: Spanish Town, Montego Bay
Höchster Punkt: Blue Mountain Peak (2 256 m)
Sprache: Englisch, Patois
Religion: Christen
Währung: 1 Jamaika Dollar = 100 Cents
Nationalfeiertag: 1. Montag im August
Zeit: MEZ –6 Stunden

Japan

Fläche: 377 837 km^2
Einwohner: 127,6 Mio.
Bevölkerungswachstum pro Jahr: -0,3%
Lebenserwartung: 82 Jahre
Hauptstadt: Tokio
Andere wichtige Städte: Yokohama, Osaka, Nagoya
Höchster Punkt: Fudschijama (3 776 m)
Sprache: Japanisch
Religion: Shintoisten, Buddhisten
Währung: 1 Yen = 100 Sen
Nationalfeiertag: 23. Dezember
Zeit: MEZ +8 Stunden

Jemen

Fläche: 536 869 km^2
Einwohner: 23,6 Mio.
Bevölkerungswachstum pro Jahr: 2,6%
Lebenserwartung: 64 Jahre
Hauptstadt: Sanaa
Andere wichtige Städte: Aden, Ta'izz, Hodeida
Höchster Punkt: Nabi Schuaib (3 760 m)
Sprache: Arabisch
Religion: Muslime (Sunniten, Schiiten, Zaiditen)
Währung: 1 Jemen Rial = 100 Fils
Nationalfeiertag: 22. Mai
Zeit: MEZ +2 Stunden

Jordanien

Fläche: 89 342 km^2
Einwohner: 5,9 Mio.
Bevölkerungswachstum pro Jahr: 1,0%
Lebenserwartung: 80 Jahre
Hauptstadt: Amman
Andere wichtige Städte: Az-Zarqa', Irbid
Höchster Punkt: Jabal Ram (1 734 m)
Sprache: Arabisch, Englisch
Religion: Muslime (Sunniten), Christen
Währung: 1 Jordan Dinar = 1000 Fils
Nationalfeiertag: 25. Mai
Zeit: MEZ +1 Stunde

Kambodscha

Fläche: 181 035 km^2
Einwohner: 14,8 Mio.
Bevölkerungswachstum pro Jahr: 1,7%
Lebenserwartung: 63 Jahre
Hauptstadt: Phnom Penh
Andere wichtige Städte: Battambang, Kompong
Höchster Punkt: Phnom Aoral (1 810 m)
Sprache: Khmer, Französisch, Vietnamesisch
Religion: Buddhisten
Währung: 1 Riel = 100 Sen
Nationalfeiertag: 9. November
Zeit: MEZ +6 Stunden

Kamerun

Fläche: 475 442 km^2
Einwohner: 19,5 Mio.
Bevölkerungswachstum pro Jahr: 2,1%
Lebenserwartung: 54 Jahre
Hauptstadt: Jaunde
Andere wichtige Städte: Garoua, Maroua
Höchster Punkt: Kamerunberg (4 100 m)
Sprache: Französisch, Englisch, Bantusprachen
Religion: Christen, Naturreligionen, Muslime
Währung: 1 CFA Franc = 100 Centimes
Nationalfeiertag: 20. Mai
Zeit: MEZ

Kanada

Fläche: 9 984 670 km^2
Einwohner: 33,7 Mio.
Bevölkerungswachstum pro Jahr: 0,8%
Lebenserwartung: 81 Jahre
Hauptstadt: Ottawa
Andere wichtige Städte: Toronto, Montréal, Vancouver
Höchster Punkt: Mount Logan (5 959 m)
Sprache: Englisch, Französisch
Religion: Christen
Währung: 1 Kanadischer Dollar = 100 Cents
Nationalfeiertag: 1. Juli
Zeit: MEZ –4,5 bis –9 Stunden

Kap Verde

Fläche: 4 036 km^2
Einwohner: 506 000
Bevölkerungswachstum pro Jahr: 1,5%
Lebenserwartung: 71 Jahre
Hauptstadt: Praia
Andere wichtige Städte: Mindelo, São Filipe
Höchster Punkt: Pico de Cano (2 829 m)
Sprache: Portugiesisch, Kreolisch
Religion: Katholiken
Währung: 1 Escudo = 100 Centavos
Nationalfeiertag: 5. Juli
Zeit: MEZ –2 Stunden

Kasachstan

Fläche: 2 724 900 km^2
Einwohner: 14,9 Mio.
Bevölkerungswachstum pro Jahr: 0,4%
Lebenserwartung: 69 Jahre
Hauptstadt: Astana
Andere wichtige Städte: Almaty, Karagandi, Tschimkent
Höchster Punkt: Tienschan-Gebirgskette (4 973 m)
Sprache: Kasachisch, Russisch
Religion: Muslime, Orthodoxe
Währung: 1 Tenge = 100 Tiin
Nationalfeiertag: 25. Oktober
Zeit: MEZ +3 bis +5 Stunden

Katar

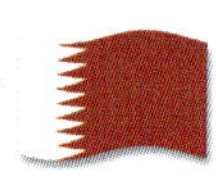

Fläche: 11 437 km^2
Einwohner: 1,4 Mio.
Bevölkerungswachstum pro Jahr: 0,81%
Lebenserwartung: 76 Jahre
Hauptstadt: Doha
Andere wichtige Städte: Rajjan
Höchster Punkt: –
Sprache: Arabisch, Farsi, Urdu
Religion: Muslime, Christen
Währung: 1 Katar Rial = 100 Dirham
Nationalfeiertag: 3. September
Zeit: MEZ +2 Stunden

KENIA

Fläche: 582 646 km^2
Einwohner: 39,8 Mio.
Bevölkerungswachstum pro Jahr: 2,5%
Lebenserwartung: 59 Jahre
Hauptstadt: Nairobi
Andere wichtige Städte: Mombasa, Kisumu, Nakuru
Höchster Punkt: Mount Kenia (5 200 m)
Sprache: Kisuaheli, Englisch
Religion: Christen, Naturreligionen, Muslime
Währung: 1 Kenia Schilling = 100 Cents
Nationalfeiertag: 12. Dezember
Zeit: MEZ +2 Stunden

KIRGISISTAN

Fläche: 199 900 km^2
Einwohner: 5,3 Mio.
Bevölkerungswachstum pro Jahr: 1,4%
Lebenserwartung: 70 Jahre
Hauptstadt: Bischkek
Andere wichtige Städte: Osh, Jalal-Abad, Tokmok
Höchster Punkt: Pik Pobeda (7 439 m)
Sprache: Kirgisisch, Russisch
Religion: Muslime (Sunniten), Orthodoxe
Währung: 1 Som = 100 Tuiun
Nationalfeiertag: 31. August
Zeit: MEZ +5 Stunden

KIRIBATI

Fläche: 810,5 km^2
Einwohner: 98 000
Bevölkerungswachstum pro Jahr: 1,2%
Lebenserwartung: 64 Jahre
Hauptstadt: Tarawa (Bairiki)
Andere wichtige Städte: –
Höchster Punkt: Banabe - Insel (81 m)
Sprache: Englisch, Gilbertesisch
Religion: Christen
Währung: 1 Australischer Dollar = 100 Cents
Nationalfeiertag: 12. Juli
Zeit: MEZ +11 Stunden

KOLUMBIEN

Fläche: 1 141 748 km^2
Einwohner: 45,6 Mio.
Bevölkerungswachstum pro Jahr: 1,1%
Lebenserwartung: 75 Jahre
Hauptstadt: Bogotá
Andere wichtige Städte: Madellín, Cali, Barranquilla
Höchster Punkt: Pico Cristóbal Colón (5 800 m)
Sprache: Spanisch, indianische Sprachen
Religion: Katholiken
Währung: 1 Kolumbianischer Peso = 100 Centavos
Nationalfeiertag: 20. Juli
Zeit: MEZ –6 Stunden

KOMOREN

Fläche: 1 862 km^2
Einwohner: 659 000
Bevölkerungswachstum pro Jahr: 2,7%
Lebenserwartung: 64 Jahre
Hauptstadt: Moroni
Andere wichtige Städte: Mutsamudu, Fomboni
Höchster Punkt: Kartala (2 361 m)
Sprache: Arabisch, Französisch
Religion: Muslime (Sunniten)
Währung: 1 Komoren Franc = 100 Centimes
Nationalfeiertag: 6. Juli
Zeit: MEZ +2 Stunden

KONGO, DEMOKR. REPUBLIK

Fläche: 2 344 885 km^2
Einwohner: 66 Mio.
Bevölkerungswachstum pro Jahr: 2,6%
Lebenserwartung: 55 Jahre
Hauptstadt: Kinshasa
Andere wichtige Städte: Lubumbashi, Mbuji-Mayi, Kolwezi
Höchster Punkt: Ruwenzori (5 109 m)
Sprache: Französisch, Bantusprachen
Religion: Christen, afrikanische Christen, Naturreligionen
Währung: 1 Kongo Franc = 100 Centimes
Nationalfeiertag: 30. Juni
Zeit: MEZ bis MEZ +1 Stunde

KONGO

Fläche: 342 000 km^2
Einwohner: 3,7 Mio.
Bevölkerungswachstum pro Jahr: 2,7%
Lebenserwartung: 55 Jahre
Hauptstadt: Brazzaville
Andere wichtige Städte: Pointe Noire, Loubomo
Höchster Punkt: Mont Nabemba (1 040 m)
Sprache: Französisch, Bantusprachen
Religion: Christen, afrikanische Christen
Währung: 1 CFA Franc = 100 Centimes
Nationalfeiertag: 15. August
Zeit: MEZ

KOREA, NORD

Fläche: 122 762 km^2
Einwohner: 23,9 Mio.
Bevölkerungswachstum pro Jahr: 0,5%
Lebenserwartung: 69 Jahre
Hauptstadt: Pjöngjang
Andere wichtige Städte: Chougjin, Wonsan, Sinuiju
Höchster Punkt: Paektusan (2 744 m)
Sprache: Koreanisch
Religion: Konfessionslos, Volksreligionen, Chondogyo, Buddhisten
Währung: 1 Won = 100 Chon
Nationalfeiertag: 9. September
Zeit: MEZ +8 Stunden

KOREA, SÜD

Fläche: 99 313 km^2
Einwohner: 48,7 Mio.
Bevölkerungswachstum pro Jahr: 0,3%
Lebenserwartung: 79 Jahre
Hauptstadt: Seoul
Andere wichtige Städte: Pusan, Taegu
Höchster Punkt: Halla-san (1 950 m)
Sprache: Koreanisch
Religion: Christen, Buddhisten, Konfuzianer
Währung: 1 Won = 100 Chon
Nationalfeiertag: 15. August
Zeit: MEZ +8 Stunden

KOSOVO

Fläche: 10 887 km^2
Einwohner: 1,8 Mio
Bevölkerungswachstum pro Jahr: 0,6%
Lebenserwartung: 70 Jahre
Hauptstadt: Prishtina/Pristina
Andere wichtige Städte: Pec, Prizren, Dakoviza
Höchster Punkt: Gjeravica (2 656 m)
Sprache: Albanisch und Serbisch
Religion: Muslime, Serbisch-Orthodoxe
Währung: 1 Euro = 100 Cent
Nationalfeiertag: 17. Februar
Zeit: MEZ

KROATIEN

Fläche: 56 542 km^2
Einwohner: 4,4 Mio.
Bevölkerungswachstum pro Jahr: -0,1%
Lebenserwartung: 75 Jahre
Hauptstadt: Zagreb
Andere wichtige Städte: Split, Rijeka, Osijek
Höchster Punkt: Troglav (1 913 m)
Sprache: Kroatisch
Religion: Katholiken, Orthodoxe
Währung: 1 Kuna = 100 Lipa
Nationalfeiertag: 25. Juni
Zeit: MEZ

Kuba

Fläche: 110 860 km^2

Einwohner: 11,2 Mio.

Bevölkerungswachstum pro Jahr: -0,1%

Lebenserwartung: 78 Jahre

Hauptstadt: Havanna

Andere wichtige Städte: Santiago de Cuba, Camagney, Holguin

Höchster Punkt: Pico Turquino (1 994 m)

Sprache: Spanisch

Religion: Christen, Konfessionslose

Währung: 1 Kubanischer Peso = 100 Centavos

Nationalfeiertag: 1. Januar

Zeit: MEZ –6 Stunden

Kuwait

Fläche: 17 818 km^2

Einwohner: 2,8 Mio.

Bevölkerungswachstum pro Jahr: 2,0%

Lebenserwartung: 77 Jahre

Hauptstadt: Kuwait-Stadt

Andere wichtige Städte: As-Salimiyah, Hawalli

Höchster Punkt: As-Shaqayah (283 m)

Sprache: Arabisch, Englisch

Religion: Muslime (Sunniten, Schiiten)

Währung: 1 Kuwait Dinar = 1000 Fils

Nationalfeiertag: 25. Februar

Zeit: MEZ +2 Stunden

Laos

Fläche: 236 800 km^2

Einwohner: 6,3 Mio.

Bevölkerungswachstum pro Jahr: 1,6%

Lebenserwartung: 62 Jahre

Hauptstadt: Vientiane

Andere wichtige Städte: Savannakhet, Pakse, Luang Prabang

Höchster Punkt: Phon Bia (2 817 m)

Sprache: Lao, Vietnamesisch, Französisch, Chinesisch

Religion: Buddhisten, Naturreligionen

Währung: 1 Kip = 100 AT

Nationalfeiertag: 2. Dezember

Zeit: MEZ +6 Stunden

Lesotho

Fläche: 30 355 km^2

Einwohner: 2,1 Mio.

Bevölkerungswachstum pro Jahr: 0,3%

Lebenserwartung: 51 Jahre

Hauptstadt: Maseru

Andere wichtige Städte: Teyateyaneng, Mafeteng

Höchster Punkt: Thabana Ntlenyana (3 482 m)

Sprache: Sesotho, Englisch

Religion: Christen, Naturreligionen

Währung: 1 Loti = 100 Lisente

Nationalfeiertag: 4. Oktober

Zeit: MEZ +1 Stunde

Lettland

Fläche: 64 589 km^2

Einwohner: 2,3 Mio.

Bevölkerungswachstum pro Jahr: –0,6%

Lebenserwartung: 73 Jahre

Hauptstadt: Riga

Andere wichtige Städte: Daugavpils, Liepaja, Jelgava

Höchster Punkt: Gaising (311 m)

Sprache: Lettisch, Russisch

Religion: Lutheraner, Katholiken, Russisch-Orthodoxe

Währung: 1 Lats = 100 Santims

Nationalfeiertag: 18. November

Zeit: MEZ +1 Stunde

Libanon

Fläche: 10 452 km^2

Einwohner: 4,2 Mio.

Bevölkerungswachstum pro Jahr: 0,2%

Lebenserwartung: 75 Jahre

Hauptstadt: Beirut

Andere wichtige Städte: Tripoli, Zahlah

Höchster Punkt: Qurnat as Sawda (3 088 m)

Sprache: Arabisch, Französisch

Religion: Muslime, Christen

Währung: 1 Libanesisches Pfund = 100 Piastres

Nationalfeiertag: 22. November

Zeit: MEZ +1 Stunde

Liberia

Fläche: 97 754 km^2

Einwohner: 3,95 Mio.

Bevölkerungswachstum pro Jahr: 2,7%

Lebenserwartung: 57 Jahre

Hauptstadt: Monrovia

Andere wichtige Städte: Buchanan, Greenville

Höchster Punkt: Mount Nimba (1 752 m)

Sprache: Englisch, Kpelle, Bassa, Stammessprachen

Religion: traditionelle Religionen, Christen, Muslime

Währung: 1 Liberianischer Dollar = 100 Cents

Nationalfeiertag: 26. Juli

Zeit: MEZ –1 Stunde

Libyen

Fläche: 1 775 500 km^2

Einwohner: 6,4 Mio.

Bevölkerungswachstum pro Jahr: 2%

Lebenserwartung: 78 Jahre

Hauptstadt: Tripolis

Andere wichtige Städte: Bengasi, Misurata, Az-Zawiyah

Höchster Punkt: Pic Bette (2 286m)

Sprache: Arabisch, Berberdialekte

Religion: Muslime (Sunniten)

Währung: 1 Libyscher Dinar = 1000 Dirham

Nationalfeiertag: 1. September

Zeit: MEZ +1 Stunde

Liechtenstein

Fläche: 160 km^2

Einwohner: 36 000

Bevölkerungswachstum pro Jahr: 0,6%

Lebenserwartung: 80 Jahre

Hauptstadt: Vaduz

Andere wichtige Städte: Schaan, Balzers

Höchster Punkt: Vordergrauspitz (2 599 m)

Sprache: Deutsch, alemannische Dialekte

Religion: Christen

Währung: 1 Schweizer Franken = 100 Rappen

Nationalfeiertag: 15. August

Zeit: MEZ

Litauen

Fläche: 65 301 km^2

Einwohner: 3,3 Mio.

Bevölkerungswachstum pro Jahr: –0,3%

Lebenserwartung: 75 Jahre

Hauptstadt: Vilnius

Andere wichtige Städte: Kaunas, Klaipeda, Siauliai

Höchster Punkt: im baltischen Nordrücken (294 m)

Sprache: Litauisch, Russisch, Polnisch

Religion: Katholiken

Währung: 1 Litas = 100 Centas

Nationalfeiertag: 16. Februar

Zeit: MEZ +1 Stunde

Luxemburg

Fläche: 2 586 km^2

Einwohner: 498 000

Bevölkerungswachstum pro Jahr: 1,1%

Lebenserwartung: 80 Jahre

Hauptstadt: Luxemburg

Andere wichtige Städte: Differdingen, Esch-sur-Alzette

Höchster Punkt: Buurgplaatz (599 m)

Sprache: Französisch, Deutsch, Lëtze-

buergesch
Religion: Katholiken
Währung: 1 Euro = 100 Cent
Nationalfeiertag: 23. Juni
Zeit: MEZ

Madagaskar

Fläche: 587 041 km²
Einwohner: 19,6 Mio.
Bevölkerungswachstum pro Jahr: 3%
Lebenserwartung: 63 Jahre
Hauptstadt: Antananarivo
Andere wichtige Städte: Fianarantsoa, Toamasina
Höchster Punkt: Maromokotro (2 876 m)
Sprache: Malagasy, Französisch
Religion: Christen, Traditionelle Religionen
Währung: 1 Ariary = 5 Iraimbilanja
Nationalfeiertag: 26. Juni
Zeit: MEZ +2 Stunden

Makedonien

Fläche: 25 713 km²
Einwohner: 2 Mio.
Bevölkerungswachstum pro Jahr: 0,2%
Lebenserwartung: 75 Jahre
Hauptstadt: Skopje
Andere wichtige Städte: Bitola, Kumanovo, Tetovo
Höchster Punkt: Korab (2 764 m)
Sprache: Mazedonisch, Albanisch, Türkisch, Serbisch
Religion: Orthodoxe, Muslime
Währung: 1 Denar = 100 Deni
Nationalfeiertag: 2. August, 8. September
Zeit: MEZ

Malawi

Fläche: 118 484 km²
Einwohner: 15,3 Mio.
Bevölkerungswachstum pro Jahr: 2,8%
Lebenserwartung: 51 Jahre
Hauptstadt: Lilongwe
Andere wichtige Städte: Blantyre, Mzuzu
Höchster Punkt: Mount Mlanje (3 000 m)
Sprache: Chichewa, Englisch, Lomwe
Religion: Christen, Muslime
Währung: 1 Malawi-Kwacha = 100 Tambala
Nationalfeiertag: 6. Juli
Zeit: MEZ +1 Stunde

Malaysia

Fläche: 329 733 km²
Einwohner: 27,4 Mio.
Bevölkerungswachstum pro Jahr: 1,6%
Lebenserwartung: 74 Jahre
Hauptstadt: Kuala Lumpur
Andere wichtige Städte: Ipoh, George Town, Johor Baharu
Höchster Punkt: Kinabalu (4 101 m)
Sprache: Bahasa Malaysia, Chinesisch
Religion: Muslime (Sunniten), Buddhisten, chinesische Volksreligionen, Hindus, Christen
Währung: 1 Ringgit = 100 Sen
Nationalfeiertag: 31. August
Zeit: MEZ +7 Stunden

Malediven

Fläche: 298 km²
Einwohner: 309 000
Bevölkerungswachstum pro Jahr: -0,2%
Lebenserwartung: 74 Jahre
Hauptstadt: Male
Andere wichtige Städte: –
Höchster Punkt: –
Sprache: Divehi, Englisch
Religion: Muslime
Währung: 1 Rufiyaa = 100 Laari
Nationalfeiertag: 26. Juli
Zeit: MEZ +4 Stunden

Mali

Fläche: 1 240 192 km²
Einwohner: 13 Mio.
Bevölkerungswachstum pro Jahr: 2,6%
Lebenserwartung: 52 Jahre
Hauptstadt: Bamako
Andere wichtige Städte: Ségou, Mopti, Sikasso
Höchster Punkt: Hombori Tondo (1 155 m)
Sprache: Französisch, Bambara, Arabisch
Religion: Muslime, Naturreligionen
Währung: 1 CFA Franc = 100 Centimes
Nationalfeiertag: 22. September
Zeit: MEZ –1 Stunde

Malta

Fläche: 316 km²
Einwohner: 415 000
Bevölkerungswachstum pro Jahr: 0,4%
Lebenserwartung: 79 Jahre
Hauptstadt: Valletta
Andere wichtige Städte: Sliema, Birkirkara
Höchster Punkt: Bingemma Heights (253 m)
Sprache: Maltesisch, Englisch
Religion: Katholiken
Währung: 1 Euro = 100 Cent
Nationalfeiertag: 21. September
Zeit: MEZ

Marokko

Fläche: 458 730 km²
Einwohner: 31,9 Mio.
Bevölkerungswachstum pro Jahr: 1,0%
Lebenserwartung: 76 Jahre
Hauptstadt: Rabat
Andere wichtige Städte: Casablanca, Marrakesch
Höchster Punkt: Jabal Tubqal (4 165 m)
Sprache: Arabisch, Berbersprachen, Französisch, Spanisch
Religion: Muslime (Sunniten)
Währung: 1 Dirham = 100 Centimes
Nationalfeiertag: 30. Juli
Zeit: MEZ –1 Stunde

Marshall-Inseln

Fläche: 181 km²
Einwohner: 61 000
Bevölkerungswachstum pro Jahr: 2%
Lebenserwartung: 71 Jahre
Hauptstadt: Majuro
Andere wichtige Städte: Ebeye, Jaluit
Höchster Punkt: Likjeb (10 m)
Sprache: Englisch, Kajin-Majol
Religion: Christen
Währung: 1 US Dollar = 100 Cents
Nationalfeiertag: 1. Mai
Zeit: MEZ +11 Stunden

Mauretanien

Fläche: 1 030 700 km²
Einwohner: 3,3 Mio.
Bevölkerungswachstum pro Jahr: 2,3%
Lebenserwartung: 61 Jahre
Hauptstadt: Nouakchott
Andere wichtige Städte: Nouâdhibou, Kaédi, Kiffa
Höchster Punkt: Kidyat Ijjill (915 m)
Sprache: Arabisch, Französisch, afrikanische Stammessprachen
Religion: Muslime
Währung: 1 Ouguiya = 5 Khoums
Nationalfeiertag: 28. November
Zeit: MEZ –1 Stunde

Mauritius

Fläche: 2 040 km²
Einwohner: 1,27 Mio.
Bevölkerungswachstum pro Jahr: 0,8%
Lebenserwartung: 75 Jahre
Hauptstadt: Port Louis
Andere wichtige Städte: Beau Bassin-Rose Hill, Vacoas-Phoenix
Höchster Punkt: Piton de la Riviere-Noire (826 m)
Sprache: Englisch, Französisch, Kreolisch, Hindi, Urdu

Religion: Hindus, Christen, Muslime
Währung: 1 Mauritius Rupie = 100 Cents
Nationalfeiertag: 12. März
Zeit: MEZ +3 Stunden

Mexiko

Fläche: 1 953 162 km^2
Einwohner: 107,4 Mio.
Bevölkerungswachstum pro Jahr: 1,1%
Lebenserwartung: 76 Jahre
Hauptstadt: Mexiko-Stadt
Andere wichtige Städte: Guadalajara, Monterrey
Höchste Punkte: Citlaltépetl (5 700 m), Popocatépetl (5 452 m)
Sprache: Spanisch, indianische Sprachen
Religion: Christen
Währung: 1 Mexikanischer Peso = 100 Centavos
Nationalfeiertag: 16. September
Zeit: MEZ –7 bis –9 Stunden

Mikronesien

Fläche: 700 km^2
Einwohner: 111 000
Bevölkerungswachstum pro Jahr: -0,3%
Lebenserwartung: 72 Jahre
Hauptstadt: Palikir
Andere wichtige Städte: Weno
Höchster Punkt: Totolom (791 m)
Sprache: Englisch, mikronesische Dialekte
Religion: Christen
Währung: 1 US Dollar = 100 Cents
Nationalfeiertag: 3. November
Zeit: MEZ +11 Stunden

Moldawien

Fläche: 33 800 km^2
Einwohner: 3,6 Mio.
Bevölkerungswachstum pro Jahr: –0,1%
Lebenserwartung: 71 Jahre
Hauptstadt: Chisinau
Andere wichtige Städte: Tiraspol, Balti, Tighina
Höchster Punkt: In den Kodren (429 m)
Sprache: Rumänisch, Russisch, Ukrainisch
Religion: Orthodoxe
Währung: 1 Moldau-Leu = 100 Bani
Nationalfeiertag: 27. August
Zeit: MEZ +1 Stunde

Monaco

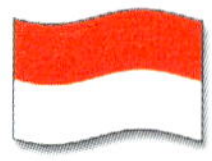

Fläche: 2,02 km^2
Einwohner: 33 000
Bevölkerungswachstum pro Jahr: -0,12%
Lebenserwartung: 89 Jahre
Hauptstadt: Monaco
Andere wichtige Städte: -
Höchster Punkt: Tête de Chien (573 m)
Sprache: Französisch, Monegassisch
Religion: Christen, Orthodoxe, Juden, Muslime
Währung: 1 Euro = 100 Cent
Nationalfeiertag: 19. November
Zeit: MEZ

Mongolei

Fläche: 1 564 100 km^2
Einwohner: 2,7 Mio.
Bevölkerungswachstum pro Jahr: 1,5%
Lebenserwartung: 68 Jahre
Hauptstadt: Ulan Bator (Ulaanbaatar)
Andere wichtige Städte: Saynshand, Erdenet, Tschoibalsan
Höchster Punkt: Nayramdal Uur (4 373 m)
Sprache: Mongolisch, Russisch, Kasachisch
Religion: Buddhisten, Schamanisten, Muslime
Währung: 1 Tugrik = 100 Mongo
Nationalfeiertag: 11. Juli
Zeit: MEZ +7 bis +8 Stunden

Montenegro

Fläche: 13 812 km^2
Einwohner: 620 000
Bevölkerungswachstum pro Jahr: -0,7%
Lebenserwartung: –
Hauptstadt: Podgorica
Andere wichtige Städte: Niksic´, Bar
Höchster Punkt: Durmitor (2 522 m)
Sprache: Serbisch, Montenegrinisch, Albanisch
Religion: Orthodoxe, Katholiken, Muslime
Währung: 1 Euro = 100 Cent
Nationalfeiertag: 13. Juli
Zeit: MEZ

Mosambik

Fläche: 799 380 km^2
Einwohner: 22,9 Mio.
Bevölkerungswachstum pro Jahr: 2,4%
Lebenserwartung: 51 Jahre
Hauptstadt: Maputo
Andere wichtige Städte: Beira, Quelimane, Nampula
Höchster Punkt: Monte Binga (2 436 m)
Sprache: Portugiesisch, Bantu, Suaheli
Religion: Volksreligionen, Christen, Muslime
Währung: 1 Metical = 100 Centavos
Nationalfeiertag: 25. Juni
Zeit: MEZ +1 Stunde

Myanmar (Birma)

Fläche: 676 552 km^2
Einwohner: 50 Mio.
Bevölkerungswachstum pro Jahr: 1,2%
Lebenserwartung: 57 Jahre
Hauptstadt: Naypyidaw
Andere wichtige Städte: Yangon, Mandalay, Mawlamyine
Höchster Punkt: Hkakabo Razi (5 881 m)
Sprache: Birmanisch
Religion: Buddhisten, Christen, Muslime
Währung: 1 Kyat = 100 Pyas
Nationalfeiertag: 4. Januar
Zeit: MEZ +5,5 Sunden

Namibia

Fläche: 824 292 km^2
Einwohner: 2,17 Mio.
Bevölkerungswachstum pro Jahr: 0,8%
Lebenserwartung: 52 Jahre
Hauptstadt: Windhoek
Andere wichtige Städte: Swakopmund, Walvis Bay
Höchster Punkt: Brandberg (2 606 m)
Sprache: Englisch, Afrikaans, Deutsch, Bantu
Religion: Christen, Naturreligionen
Währung: 1 Namibia Dollar = 100 Cents
Nationalfeiertag: 21. März
Zeit: MEZ

Nauru

Fläche: 21 km^2
Einwohner: 10 000
Bevölkerungswachstum pro Jahr: 0,6%
Lebenserwartung: 65 Jahre
Hauptstadt: Yaren
Andere wichtige Städte: –
Höchster Punkt: –
Sprache: Englisch, Nauruisch
Religion: Christen
Währung: 1 Australischer Dollar = 100 Cents
Nationalfeiertag: 31. Januar
Zeit: MEZ + 11 Stunden

Nepal

Fläche: 147 181 km^2
Einwohner: 29,3 Mio.
Bevölkerungswachstum pro Jahr: 1,6 %

Lebenserwartung: 66 Jahre
Hauptstadt: Kathmandu
Andere wichtige Städte: Biratnagar, Pokhara, Lalitpur
Höchster Punkt: Mount Everest (8 850 m)
Sprache: Nepali, Maithili, Newari
Religion: Hindus, Buddhisten, Muslime
Währung: 1 Nepalesische Rupie = 100 Paisa
Nationalfeiertag: Neubestimmung ausstehend
Zeit: MEZ +4,75 Stunden

NEUSEELAND

Fläche: 270 534 km²
Einwohner: 4,316 Mio.
Bevölkerungswachstum pro Jahr: 0,9%
Lebenserwartung: 81 Jahre
Hauptstadt: Wellington
Andere wichtige Städte: Auckland, Christchurch, Hamilton
Höchster Punkt: Mount Cook (3 764 m)
Sprache: Englisch, Maori
Religion: Christen
Währung: 1 Neuseeland Dollar = 100 Cents
Nationalfeiertag: 6. Februar
Zeit: MEZ +11 Stunden

NICARAGUA

Fläche: 120 254 km²
Einwohner: 5,7 Mio.
Bevölkerungswachstum pro Jahr: 1,1%
Lebenserwartung: 72 Jahre
Hauptstadt: Managua
Andere wichtige Städte: León, Granada, Masaya
Höchster Punkt: Cerro Mogotón (2 107 m)
Sprache: Spanisch, Chibcha
Religion: Katholiken, Methodisten, Baptisten
Währung: 1 Córdoba = 100 Centavos
Nationalfeiertag: 15. September
Zeit: MEZ –7 Stunden

NIEDERLANDE

Fläche: 41 526 km²
Einwohner: 16,5 Mio.
Bevölkerungswachstum pro Jahr: 0,4%
Lebenserwartung: 80 Jahre
Hauptstadt: Amsterdam
Andere wichtige Städte: Rotterdam, Utrecht, Eindhoven, Den Haag
Höchster Punkt: Vaalser Berg (322 m)
Sprache: Niederländisch, Friesisch
Religion: Christen, Konfessionslose
Währung: 1 Euro = 100 Cent
Nationalfeiertag: 30. April
Zeit: MEZ

NIGER

Fläche: 1 267 000 km²
Einwohner: 15,3 Mio.
Bevölkerungswachstum pro Jahr: 3,6%
Lebenserwartung: 53 Jahre
Hauptstadt: Niamey
Andere wichtige Städte: Zinder, Maradi
Höchster Punkt: Mount Gréboun (1 944 m)
Sprache: Französisch, Hausa, Ful
Religion: Muslime, Naturreligionen
Währung: 1 CFA Franc = 100 Centimes
Nationalfeiertag: 18. Dezember
Zeit: MEZ

NIGERIA

Fläche: 923 768 km²
Einwohner: 154,7 Mio.
Bevölkerungswachstum pro Jahr: 3,6%
Lebenserwartung: 48 Jahre
Hauptstadt: Abuja
Andere wichtige Städte: Lagos, Ibadan, Kano
Höchster Punkt: Dimlang (2 042 m)
Sprache: Englisch, Yoruba, Ful, Hausa
Religion: Muslime, Christen
Währung: 1 Naira = 100 Kobo
Nationalfeiertag: 1. Oktober
Zeit: MEZ

NORWEGEN

Fläche: 323 759 km²
Einwohner: 4,6 Mio.
Bevölkerungswachstum pro Jahr: 0,3%
Lebenserwartung: 80 Jahre
Hauptstadt: Oslo
Andere wichtige Städte: Bergen, Trondheim, Stavanger
Höchster Punkt: Glittertind (2 470 m)
Sprache: Norwegisch
Religion: Protestanten
Währung: 1 Norwegische Krone = 100 Öre
Nationalfeiertag: 17. Mai
Zeit: MEZ

OMAN

Fläche: 309 500 km²
Einwohner: 2,8 Mio.
Bevölkerungswachstum pro Jahr: 2%
Lebenserwartung: 74 Jahre
Hauptstadt: Maskat
Andere wichtige Städte: Suhar, Nizwa, Sur
Höchster Punkt: Jabal ash Sham (3 017 m)
Sprache: Arabisch, Englisch
Religion: Muslime (Ibaditen, Sunniten), Hindus
Währung: 1 Rial Omani = 1000 Baizas
Nationalfeiertag: 18. November
Zeit: MEZ +3 Stunden

ÖSTERREICH

Fläche: 83 879 km²
Einwohner: 8,364 Mio.
Bevölkerungswachstum pro Jahr: 0,1%
Lebenserwartung: 80 Jahre
Hauptstadt: Wien
Andere wichtige Städte: Graz, Linz, Salzburg
Höchster Punkt: Großglockner (3 797 m)
Sprache: Deutsch, Slowenisch, Kroatisch, Ungarisch
Religion: Christen
Währung: 1 Euro = 100 Cent
Nationalfeiertag: 26. Oktober
Zeit: MEZ

OST-TIMOR (TIMOR-LESTE)

Fläche: 14 604 km²
Einwohner: 1,13 Mio.
Bevölkerungswachstum pro Jahr: 1,9%
Lebenserwartung: 68 Jahre
Hauptstadt: Dili
Andere wichtige Städte: Manatuto, Lospatos
Höchster Punkt: Tata Mailau (2 963 m)
Sprache: Tetun, Portugiesisch
Religion: Muslime, Christen, Hindus
Währung: 1 US-Dollar = 100 Cents
Nationalfeiertag: 28. November
Zeit: MEZ +7 Stunden

PAKISTAN

Fläche: 796 095 km²
Einwohner: 169,7 Mio.
Bevölkerungswachstum pro Jahr: 1,5%
Lebenserwartung: 66 Jahre
Hauptstadt: Islamabad
Andere wichtige Städte: Karachi, Lahore, Faisalabad
Höchster Punkt: K2 (Chogori, Mt. Godwin Austen) (8 611 m)
Sprache: Urdu, Englisch
Religion: Muslime (Sunniten)
Währung: 1 Pakistanische Rupie = 100 Paisa
Nationalfeiertag: 23. März
Zeit: MEZ +4 Stunden

PALAU

Fläche: 508 km²
Einwohner: 20 000
Bevölkerungswachstum pro Jahr: 0,4%
Lebenserwartung: 72 Jahre

Hauptstadt: Melekeok
Andere wichtige Städte: –
Höchster Punkt:
Mount Ngerchelchauus (239 m)
Sprache: Palauisch, Englisch
Religion: Christen, traditionelle Religionen
Währung: 1 US Dollar = 100 Cents
Nationalfeiertag: 1. Oktober
Zeit: MEZ +8 Stunden

Panama

Fläche: 75 517 km^2
Einwohner: 3,5 Mio.
Bevölkerungswachstum pro Jahr: 1,4%
Lebenserwartung: 78 Jahre
Hauptstadt: Panama-Stadt
Andere wichtige Städte: Colón, San Miguelito
Höchster Punkt: Chiriquí (3 475 m)
Sprache: Spanisch, Englisch
Religion: Christen
Währung: 1 Balboa = 100 Centésimos
Nationalfeiertag: 3. November
Zeit: MEZ –6 Stunden

Papua-Neuguinea

Fläche: 462 840 km^2
Einwohner: 6,7 Mio.
Bevölkerungswachstum pro Jahr: 1,9%
Lebenserwartung: 66 Jahre
Hauptstadt: Port Moresby
Andere wichtige Städte: Lae, Madang
Höchster Punkt: Mount Wilhelm (4 694 m)
Sprache: Englisch, Pidgin, Papua-Sprachen
Religion: Christen, Naturreligionen
Währung: 1 Kina = 100 Toea
Nationalfeiertag: 16. September
Zeit: MEZ +9 Stunden

Paraguay

Fläche: 406 752 km^2
Einwohner: 6,4 Mio.
Bevölkerungswachstum pro Jahr: 1,2%
Lebenserwartung: 76 Jahre
Hauptstadt: Asunción
Andere wichtige Städte: Ciudad del Este, San Lorenzo
Höchster Punkt: Cordillera de Caaguazu (700 m)
Sprache: Spanisch, Guarani
Religion: Katholiken
Währung: 1 Guarani = 100 Céntimos
Nationalfeiertag: 15. Mai
Zeit: MEZ –5 Stunden

Peru

Fläche: 1 285 216 km^2
Einwohner: 29,1 Mio.
Bevölkerungswachstum pro Jahr: 1%
Lebenserwartung: 72 Jahre
Hauptstadt: Lima
Andere wichtige Städte: Arequipa, Chiclayo, Trujillo
Höchster Punkt: Huascarán (6 768 m)
Sprache: Spanisch, Ketschua, Aymará
Religion: Christen
Währung: 1 Nuevo Sol = 100 Céntimos
Nationalfeiertag: 28. Juli
Zeit: MEZ –6 Stunden

Philippinen

Fläche: 300 000 km^2
Einwohner: 91,9 Mio.
Bevölkerungswachstum pro Jahr: 1,9%
Lebenserwartung: 72 Jahre
Hauptstadt: Manila
Andere wichtige Städte: Quezon City, Davao, Caloocan
Höchster Punkt: Mount Apo (2 954 m)
Sprache: Filipino, Englisch, Spanisch
Religion: Christen, Muslime
Währung: 1 Philippinischer Peso = 100 Centavos
Nationalfeiertag: 12. Juni
Zeit: MEZ +7 Stunden

Polen

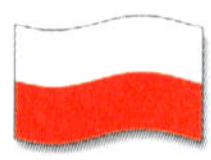

Fläche: 312 685 km^2
Einwohner: 38,1 Mio.
Bevölkerungswachstum pro Jahr: –0,1%
Lebenserwartung: 76 Jahre
Hauptstadt: Warschau
Andere wichtige Städte: Łódź, Krakau, Breslau
Höchster Punkt: Rysy (Meeraugspitze) (2 499 m)
Sprache: Polnisch
Religion: Katholiken
Währung: 1 Zloty = 100 Groszy
Nationalfeiertag: 3. Mai
Zeit: MEZ

Portugal

Fläche: 92 345 km^2
Einwohner: 10,6 Mio.
Bevölkerungswachstum pro Jahr: 0,2%
Lebenserwartung: 79 Jahre
Hauptstadt: Lissabon
Andere wichtige Städte: Porto, Amadora
Höchster Punkt: Serra da Estrêla (1 991 m)
Sprache: Portugiesisch, Malhão
Religion: Katholiken
Währung: 1 Euro = 100 Cent
Nationalfeiertag: 10. Juni
Zeit: MEZ –1 Stunde

Ruanda

Fläche: 26 338 km^2
Einwohner: 9,99 Mio.
Bevölkerungswachstum pro Jahr: 2,8%
Lebenserwartung: 58 Jahre
Hauptstadt: Kigali
Andere wichtige Städte: Butare, Ruhengeri
Höchster Punkt: Karisimbi (4 507 m)
Sprache: Kinyarwanda, Französisch, Englisch, Kisuaheli
Religion: Naturreligionen, Christen, Muslime
Währung: 1 Ruanda Franc = 100 Centimes
Nationalfeiertag: 1. Juli
Zeit: MEZ +1 Stunde

Rumänien

Fläche: 238 391 km^2
Einwohner: 21,5 Mio.
Bevölkerungswachstum pro Jahr: –0,3%
Lebenserwartung: 74 Jahre
Hauptstadt: Bukarest
Andere wichtige Städte: Iaşi, Konstanţa
Höchster Punkt: Moldoveanul (2 543 m)
Sprache: Rumänisch, Ungarisch, Deutsch, Serbisch
Religion: Orthodoxe, Christen
Währung: 1 Neuer Leu = 100 Bani
Nationalfeiertag: 1. Dezember
Zeit: MEZ +1 Stunde

Russland

Fläche: 17 075 400 km^2
Einwohner: 141,8 Mio.
Bevölkerungswachstum pro Jahr: –0,5%
Lebenserwartung: 66 Jahre
Hauptstadt: Moskau
Andere wichtige Städte: Sankt Petersburg, Nowosibirsk, Nischni Nowgorod
Höchste Punkte: Elbrus (5 642 m), Kljutschewskaja Sopka (4 834 m)
Sprache: Russisch, Nationalsprachen
Religion: Orthodoxe, Christen, Muslime
Währung: 1 Rubel = 100 Kopeken
Nationalfeiertag: 12. Juni
Zeit: MEZ +2 bis +12 Stunden

Saint Kitts und Nevis

Fläche: 269 km^2
Einwohner: 50 000
Bevölkerungswachstum pro Jahr: 0,8%
Lebenserwartung: 75 Jahre

Hauptstadt: Basseterre
Andere wichtige Städte: Charlestown
Höchster Punkt: Mount Misery (1 156 m)
Sprache: Englisch, Kreolisch
Religion: Christen
Währung: 1 Ostkaribischer Dollar = 100 Cents
Nationalfeiertag: 19. September
Zeit: MEZ –5 Stunden

Saint Lucia

Fläche: 616 km²
Einwohner: 172 000
Bevölkerungswachstum pro Jahr: 0,4%
Lebenserwartung: 77 Jahre
Hauptstadt: Castries
Andere wichtige Städte: Vieux Fort
Höchster Punkt: Mount Gimie (951 m)
Sprache: Englisch, Patois
Religion: Christen
Währung: 1 Ostkaribischer Dollar = 100 Cents
Nationalfeiertag: 13. Dezember
Zeit: MEZ –5 Stunden

Saint Vincent und die Grenadinen

Fläche: 389 km²
Einwohner: 109 000
Bevölkerungswachstum pro Jahr: -0,3%
Lebenserwartung: 74 Jahre
Hauptstadt: Kingstown
Andere wichtige Städte: Chateaubelair
Höchster Punkt: Soufrière (1 234 m)
Sprache: Englisch, Kreolisch
Religion: Christen
Währung: 1 Ostkaribischer Dollar = 100 Cents
Nationalfeiertag: 27. Oktober
Zeit: MEZ –5 Stunden

Salomonen

Fläche: 27 556 km²
Einwohner: 523 000
Bevölkerungswachstum pro Jahr: 2,2%
Lebenserwartung: 74 Jahre
Hauptstadt: Honiara
Andere wichtige Städte: Gizo, Auki
Höchster Punkt: Bougainville (3 123 m)
Sprache: Englisch, Pidgin
Religion: Christen
Währung: 1 Salomonen Dollar = 100 Cents
Nationalfeiertag: 7. Juli
Zeit: MEZ +10 Stunden

Sambia

Fläche: 752 618 km²
Einwohner: 12,9 Mio.
Bevölkerungswachstum pro Jahr: 3%
Lebenserwartung: 52 Jahre
Hauptstadt: Lusaka
Andere wichtige Städte: Kitwe, Ndola, Chingola
Höchster Punkt: Muchingaberge (1 850 m)
Sprache: Englisch, Bantusprachen
Religion: Christen, Animisten
Währung: 1 Kwacha = 100 Ngwee
Nationalfeiertag: 24. Oktober
Zeit: MEZ +1 Stunde

Samoa

Fläche: 2 831 km²
Einwohner: 179 000
Bevölkerungswachstum pro Jahr: 0,6%
Lebenserwartung: 72 Jahre
Hauptstadt: Apia
Andere wichtige Städte: –
Höchster Punkt: Silisili (1 858 m)
Sprache: Samoanisch, Englisch
Religion: Christen
Währung: 1 Tala = 100 Sene
Nationalfeiertag: 1. Juni
Zeit: MEZ +11 Stunden

San Marino

Fläche: 61,2 km²
Einwohner: 31 000
Bevölkerungswachstum pro Jahr: 1%
Lebenserwartung: 83 Jahre
Hauptstadt: San Marino
Andere wichtige Städte: Serravalle
Höchster Punkt: Monte Titano (755 m)
Sprache: Italienisch, Romagnol
Religion: Katholiken
Währung: 1 Euro = 100 Cent
Nationalfeiertag: 3. September
Zeit: MEZ

São Tomé und Príncipe

Fläche: 1 001 km²
Einwohner: 163 000
Bevölkerungswachstum pro Jahr: 2,0%
Lebenserwartung: 63 Jahre
Hauptstadt: São Tomé
Andere wichtige Städte: Santo António
Höchster Punkt: Pico de São Tomé (2 024 m)
Sprache: Portugiesisch, Crioulo
Religion: Katholiken
Währung: 1 Dobra = 100 Cêntimos
Nationalfeiertag: 12. Juli
Zeit: MEZ –1 Stunde

Saudi-Arabien

Fläche: 2 240 000 km²
Einwohner: 25,4 Mio.
Bevölkerungswachstum pro Jahr: 1,5%
Lebenserwartung: 74 Jahre
Hauptstadt: Riad
Andere wichtige Städte: Jidda, Mekka, Medina
Höchster Punkt: Abha (3 133 m)
Sprache: Arabisch, Englisch
Religion: Muslime (Sunniten)
Währung: 1 Saudi Riyal = 100 Hallalas
Nationalfeiertag: 23. September
Zeit: MEZ +2 Stunden

Schweden

Fläche: 449 964 km²
Einwohner: 9,3 Mio.
Bevölkerungswachstum pro Jahr: 0,2%
Lebenserwartung: 81 Jahre
Hauptstadt: Stockholm
Andere wichtige Städte: Göteborg, Malmö, Uppsala
Höchster Punkt: Kebnekajse (2 111 m)
Sprache: Schwedisch
Religion: Lutheraner
Währung: 1 Schwedische Krone = 100 Öre
Nationalfeiertag: 6. Juni
Zeit: MEZ

Schweiz

Fläche: 41 285 km²
Einwohner: 7,7 Mio.
Bevölkerungswachstum pro Jahr: 0,2%
Lebenserwartung: 82 Jahre
Hauptstadt: Bern
Andere wichtige Städte: Zürich, Basel, Genf
Höchster Punkt: Dufourspitze (4 637 m)
Sprache: Deutsch, Französisch, Italienisch, Rätoromanisch
Religion: Christen, Muslime
Währung: 1 Schweizer Franken = 100 Rappen
Nationalfeiertag: 1. August
Zeit: MEZ

Senegal

Fläche: 196 722 km²
Einwohner: 12,5 Mio.
Bevölkerungswachstum pro Jahr: 2,6%
Lebenserwartung: 60 Jahre
Hauptstadt: Dakar
Andere wichtige Städte: Thiès, Kaolack, Ziguinchor
Höchster Punkt: Ausläufer Tafelgebirge (400 m)

Sprache: Französisch, Wolof, Stammesdialekte
Religion: Muslime (Sunniten), Naturreligionen, Christen
Währung: 1 CFA Franc = 100 Centimes
Nationalfeiertag: 4. April
Zeit: MEZ –1 Stunde

Serbien

Fläche: 77 474 km^2
Einwohner: 7,3 Mio.
Bevölkerungswachstum pro Jahr: –0,5%
Lebenserwartung: 74 Jahre
Hauptstadt: Belgrad
Andere wichtige Städte: Novi Sad, Nis, Leskovac
Höchster Punkt: Prokletije (2 656 m)
Sprache: Serbisch, Albanisch
Religion: Orthodoxe, Katholiken, Muslime
Währung: 1 Serbischer Dinar = 100 Para, 1 Euro = 100 Cent
Nationalfeiertag: 15. Februar
Zeit: MEZ

Seychellen

Fläche: 455 km^2
Einwohner: 88 000
Bevölkerungswachstum pro Jahr: 0,9%
Lebenserwartung: 74 Jahre
Hauptstadt: Victoria
Andere wichtige Städte: –
Höchster Punkt: Morne Seychellois (905 m)
Sprache: Kreolisch, Englisch, Französisch
Religion: Katholiken, Anglikaner, Hindus
Währung: 1 Seychellen Rupie = 100 Cents
Nationalfeiertag: 5. Juni
Zeit: MEZ +3 Stunden

Sierra Leone

Fläche: 71 740 km^2
Einwohner: 5,7 Mio.
Bevölkerungswachstum pro Jahr: 2,2%
Lebenserwartung: 56 Jahre
Hauptstadt: Freetown
Andere wichtige Städte: Koidu, Bo, Kenema
Höchster Punkt: Bintimani
Sprache: Englisch, sudanesische Sprachen
Religion: Naturreligionen, Muslime (Sunniten), Christen
Währung: 1 Leone = 100 Cents
Nationalfeiertag: 27. April
Zeit: MEZ–1 Stunde

Simbabwe

Fläche: 390 757 km^2
Einwohner: 12,5 Mio.
Bevölkerungswachstum pro Jahr: 4,3%
Lebenserwartung: 50 Jahre
Hauptstadt: Harare
Andere wichtige Städte: Bulawayo, Chitungwiza, Gweru
Höchster Punkt: Inyangani (2 596 m)
Sprache: Englisch, Bantusprachen
Religion: Animisten, Christen
Währung: 1 Simbabwe Dollar = 100 Cents
Nationalfeiertag: 18. April
Zeit: MEZ +1 Stunde

Singapur

Fläche: 710 km^2
Einwohner: 4,9 Mio.
Bevölkerungswachstum pro Jahr: 0,8%
Lebenserwartung: 82 Jahre
Hauptstadt: Singapur
Andere wichtige Städte: –
Höchster Punkt: Bukit Timah (166 m)
Sprache: Malaiisch, Chinesisch, Tamilisch, Englisch
Religion: Buddhisten, Taoisten, Muslime, Christen, Hindus
Währung: 1 Singapur Dollar = 100 Cents
Nationalfeiertag: 9. August
Zeit: MEZ +7 Stunden

Slowakei

Fläche: 49 034 km^2
Einwohner: 5,4 Mio.
Bevölkerungswachstum pro Jahr: 0,1%
Lebenserwartung: 76 Jahre
Hauptstadt: Bratislava
Andere wichtige Städte: Kosice, Zilina, Presov
Höchster Punkt: Gerlsdorfer Spitze (2 665 m)
Sprache: Slowakisch, Ungarisch
Religion: Christen, Atheisten, Orthodoxe
Währung: 1 Euro = 100 Cent
Nationalfeiertag: 1. Januar
Zeit: MEZ

Slowenien

Fläche: 20 253 km^2
Einwohner: 2 Mio.
Bevölkerungswachstum pro Jahr: -0,16%
Lebenserwartung: 77 Jahre
Hauptstadt: Ljubljana
Andere wichtige Städte: Maribor, Celje
Höchster Punkt: Triglav (2 863 m)
Sprache: Slowenisch
Religion: Katholiken, Atheisten
Währung: 1 Euro = 100 Cent
Nationalfeiertag: 25. Juni
Zeit: MEZ

Somalia

Fläche: 637 657 km^2
Einwohner: 9,1 Mio.
Bevölkerungswachstum pro Jahr: 1,6%
Lebenserwartung: 50 Jahre
Hauptstadt: Mogadischu
Andere wichtige Städte: Hargeysa, Kismayo
Höchster Punkt: Surud Ad (2 408 m)
Sprache: Somali, Arabisch, Englisch, Italienisch
Religion: Muslime (Sunniten)
Währung: 1 Somalia Shilling = 100 Centesimi
Nationalfeiertag: 1. Juli
Zeit: MEZ +2 Stunden

Spanien

Fläche: 504 782 km^2
Einwohner: 45,9 Mio.
Bevölkerungswachstum pro Jahr: 0,6%
Lebenserwartung: 81 Jahre
Hauptstadt: Madrid
Andere wichtige Städte: Barcelona, Valencia, Sevilla
Höchster Punkt: Mulhacén (3 478 m)
Sprache: Spanisch, Katalanisch, Galicisch, Baskisch
Religion: Katholiken
Währung: 1 Euro = 100 Cent
Nationalfeiertag: 12. Oktober
Zeit: MEZ

Sri Lanka

Fläche: 65 610 km^2
Einwohner: 20,3 Mio.
Bevölkerungswachstum pro Jahr: 0,9%
Lebenserwartung: 76 Jahre
Hauptstädte: Colombo und Sri Jayewawardenepura Kotte
Höchster Punkt: Pidurutalagala (2 524 m)
Sprache: Singhalesisch, Tamilisch, Englisch
Religion: Buddhisten, Hindus, Christen, Muslime
Währung: 1 Sri Lanka Rupie = 100 Sri Lanka Cents
Nationalfeiertag: 4. Februar
Zeit: MEZ +4,5 Stunden

Südafrika

Fläche: 1 219 090 km^2
Einwohner: 49,3 Mio.
Bevölkerungswachstum pro Jahr: -0,4%

Lebenserwartung: 49 Jahre
Hauptstadt: Pretoria
Andere wichtige Städte: Kapstadt, Johannesburg, Durban
Höchster Punkt: Injasuti (3 446 m)
Sprache: Afrikaans, Englisch, Zulu, Xhosa
Religion: Christen, Zionisten, Hindus, Moslems
Währung: 1 Rand = 100 Cents
Nationalfeiertag: 27. April
Zeit: MEZ +1 Stunde

SUDAN

Fläche: 1 840 687 km^2
Einwohner: 34 Mio.
Bevölkerungswachstum pro Jahr: 2,5%
Lebenserwartung: 55 Jahre
Hauptstadt: Khartum
Andere wichtige Städte: Omdurman, Port Sudan, Nyala
Höchster Punkt: Marra (3 088 m)
Sprache: Englisch und Arabisch
Religion: Muslime, Animisten, Christen
Währung: Sudanisches Pfund
Nationalfeiertag: 1. Januar
Zeit: MEZ +1 Stunde

SÜDSUDAN

Fläche: 619 745 km^2
Einwohner: 8,27 Mio.
Bevölkerungswachstum pro Jahr: 2%
Lebenserwartung: 55 Jahre
Hauptstadt: Juba
Andere wichtige Städte: Wau, Malakal, Renk
Höchster Punkt: Kinyeti (3 187 m)
Sprache: Englisch
Religion: Christen, Anglikaner
Währung: Südsudanesisches Pfund
Nationalfeiertag: 9. Juli
Zeit: MEZ + 1 Stunde

SURINAME

Fläche: 163 265 km^2
Einwohner: 520 000
Bevölkerungswachstum pro Jahr: 1,1%
Lebenserwartung: 74 Jahre
Hauptstadt: Paramaribo
Andere wichtige Städte: Wanica
Höchster Punkt: Juliana Top (1 230 m)
Sprache: Niederländisch, Hindustani, Javanesisch, Englisch
Religion: Christen, Hindus, Muslime, Animisten
Währung: 1 Suriname Dollar = 100 Cents
Nationalfeiertag: 25. November
Zeit: MEZ –4 Stunden

SWASILAND

Fläche: 17 364 km^2
Einwohner: 1,2 Mio.
Bevölkerungswachstum pro Jahr: 1,2%
Lebenserwartung: 49 Jahre
Hauptstadt: Mbabane
Andere wichtige Städte: Manzini, Lobamba
Höchster Punkt: Emlembe (1 862 m)
Sprache: Siswati, Englisch
Religion: Christen, Animisten
Währung: 1 Lilangeni = 100 Cents
Nationalfeiertag: 6. September
Zeit: MEZ +1 Stunden

SYRIEN

Fläche: 185 180 km^2
Einwohner: 21 Mio.
Bevölkerungswachstum pro Jahr: 0,9%
Lebenserwartung: 75 Jahre
Hauptstadt: Damaskus
Andere wichtige Städte: Halab, Hims, Al-Ladhiqiyah
Höchster Punkt: Hermon (2 814 m)
Sprache: Arabisch, Kurdisch, Armenisch
Religion: Muslime (Sunniten), Christen, Alawiten
Währung: 1 Syrisches Pfund = 100 Piaster
Nationalfeiertag: 17. April
Zeit: MEZ +1 Stunde

TADSCHIKISTAN

Fläche: 143 100 km^2
Einwohner: 6,9 Mio.
Bevölkerungswachstum pro Jahr: 1,8%
Lebenserwartung: 66 Jahre
Hauptstadt: Duschanbe
Andere wichtige Städte: Chodschent, Kul'ab, Kurgan-Tjube
Höchster Punkt: Pik Ismoil Somoni (7 483 m)
Sprache: Tadschikisch, Russisch, Usbekisch
Religion: Muslime (Sunniten)
Währung: 1 Somoni = 100 Diram
Nationalfeiertag: 9. September
Zeit: MEZ +4 Stunden

TAIWAN

Fläche: 36 000 km^2
Einwohner: 23,1 Mio.
Bevölkerungswachstum pro Jahr: 0,2%
Lebenserwartung: 78 Jahre
Hauptstadt: Taipei
Andere wichtige Städte: Kaohsiung, Taichung, Tainan
Höchster Punkt: Yushan (3 997 m)
Sprache: Chinesisch, Fukien-Dialekte
Religion: Taoisten, Buddhisten, Konfuzianer, Christen
Währung: 1 Neuer Taiwan Dollar = 100 Cents
Nationalfeiertag: 10. Oktober
Zeit: MEZ +7 Stunden

TANSANIA

Fläche: 945 087 km^2
Einwohner: 43,7 Mio.
Bevölkerungswachstum pro Jahr: 2%
Lebenserwartung: 53 Jahre
Hauptstadt: Dodoma
Andere wichtige Städte: Daressalam, Mwanza, Tanga
Höchster Punkt: Kilimandscharo (5 895 m)
Sprache: Kisuaheli, Englisch
Religion: Muslime, Christen, Animisten
Währung: 1 Tansania Shilling = 100 Cents
Nationalfeiertag: 26. April
Zeit: MEZ +2 Stunden

THAILAND

Fläche: 513 115 km^2
Einwohner: 67,8 Mio.
Bevölkerungswachstum pro Jahr: 0,6%
Lebenserwartung: 74 Jahre
Hauptstadt: Bangkok
Andere wichtige Städte: Nonthaburi, Chiang Mai, Nakhon Ratchasima
Höchster Punkt: Doi Inthanon (2 595 m)
Sprache: Thai, Englisch, Chinesisch
Religion: Buddhisten, Muslime
Währung: 1 Baht = 100 Stangs
Nationalfeiertag: 5. Dezember
Zeit: MEZ +6 Stunden

TOGO

Fläche: 56 785 km^2
Einwohner: 6,6 Mio.
Bevölkerungswachstum pro Jahr: 2,8%
Lebenserwartung: 63 Jahre
Hauptstadt: Lomé
Andere wichtige Städte: Aného, Togoville
Höchster Punkt: Mont Agou (986 m)
Sprache: Französisch, Kabyé, Ewe
Religion: Animisten, Christen, Muslime
Währung: 1 CFA Franc = 100 Centimes
Nationalfeiertag: 27. April
Zeit: MEZ –1 Stunde

Tonga

Fläche: 747 km²
Einwohner: 104 000
Bevölkerungswachstum pro Jahr: 0,2%
Lebenserwartung: 75 Jahre
Hauptstadt: Nuku 'alofa
Andere wichtige Städte: –
Höchster Punkt: Kao (1 030 m)
Sprache: Tonga, Englisch
Religion: Christen
Währung: 1 Pa'anga = 100 Jenti
Nationalfeiertag: 4. Juni
Zeit: MEZ +12 Stunden

Trinidad und Tobago

Fläche: 5 128 km²
Einwohner: 1,33 Mio.
Bevölkerungswachstum pro Jahr: -0,1%
Lebenserwartung: 71 Jahre
Hauptstadt: Port of Spain
Andere wichtige Städte: San Fernando, Arima
Höchster Punkt: Cerro del Aripo (940 m)
Sprache: Englisch, Patois, Spanisch, Französisch
Religion: Christen, Hindus, Muslime
Währung: 1 Trinidad und Tobago Dollar = 100 Cents
Nationalfeiertag: 31. August
Zeit: MEZ –5 Stunden

Tschad

Fläche: 1 284 000 km²
Einwohner: 11,2 Mio.
Bevölkerungswachstum pro Jahr: 2%
Lebenserwartung: 48 Jahre
Hauptstadt: N'djamena
Andere wichtige Städte: Sarh, Moundou, Abéché
Höchster Punkt: Emi Koussi (3 415 m)
Sprache: Französisch, Arabisch
Religion: Muslime, Christen, Animisten
Währung: 1 CFA Franc = 100 Centimes
Nationalfeiertag: 11. August
Zeit: MEZ

Tschechische Republik

Fläche: 78 866 km²
Einwohner: 10,5 Mio.
Bevölkerungswachstum pro Jahr: 0,1%
Lebenserwartung: 77 Jahre
Hauptstadt: Prag
Andere wichtige Städte: Brno, Ostrava, Pilsen
Höchster Punkt: Schneekoppe (1 602 m)
Sprache: Tschechisch
Religion: Katholiken, Konfessionslose
Währung: 1 Tschechische Krone = 100 Heller
Nationalfeiertag: 28. Oktober
Zeit: MEZ

Tunesien

Fläche: 163 610 km²
Einwohner: 10,4 Mio.
Bevölkerungswachstum pro Jahr: 1%
Lebenserwartung: 75 Jahre
Hauptstadt: Tunis
Andere wichtige Städte: Sfax, Ariana
Höchster Punkt: Jabal Shahambi (1 544 m)
Sprache: Arabisch, Französisch
Religion: Muslime (Sunniten)
Währung: 1 Tunesischer Dinar = 1 000 Millimes
Nationalfeiertag: 20. März
Zeit: MEZ

Türkei

Fläche: 779 452 km²
Einwohner: 74,8 Mio.
Bevölkerungswachstum pro Jahr: 1,2%
Lebenserwartung: 73 Jahre
Hauptstadt: Ankara
Andere wichtige Städte: Istanbul, Izmir, Adana
Höchster Punkt: Ararat (5 137 m)
Sprache: Türkisch, Kurdisch
Religion: Muslime (Sunniten, Aleviten)
Währung: 1 Türkische Lira = 100 Kurus
Nationalfeiertag: 29. Oktober
Zeit: MEZ +1 Stunde

Turkmenistan

Fläche: 488 100 km²
Einwohner: 5,1 Mio.
Bevölkerungswachstum pro Jahr: 1,1%
Lebenserwartung: 69 Jahre
Hauptstadt: Aschgabad
Andere wichtige Städte: Tschardschou, Nebit-Dag
Höchster Punkt: Kopet Dat (2 942 m)
Sprache: Turkmenisch, Russisch
Religion: Muslime (Sunniten)
Währung: 1 Turkmenistan Manat = 100 Tenge
Nationalfeiertag: 27./28. Oktober
Zeit: MEZ +4 Stunden

Tuvalu

Fläche: 26 km²
Einwohner: 10 000
Bevölkerungswachstum pro Jahr: 0,7%
Lebenserwartung: 65 Jahre
Hauptstadt: Vaiaku (Insel Funafuti)
Andere wichtige Städte: –
Höchster Punkt: –
Sprache: Tuvalu, Englisch
Religion: Protestanten
Währung: 1 Australischer Dollar = 100 Cents
Nationalfeiertag: 1. Oktober
Zeit: MEZ +11 Stunden

Uganda

Fläche: 241 548 km²
Einwohner: 32,7 Mio.
Bevölkerungswachstum pro Jahr: 3,6%
Lebenserwartung: 53 Jahre
Hauptstadt: Kampala
Andere wichtige Städte: Jinja, Mbale, Masaka
Höchster Punkt: Margherita (5 109 m)
Sprache: Englisch, Swahili, Luganda
Religion: Christen, Naturreligionen, Muslime
Währung: 1 Uganda Shilling = 100 Cents
Nationalfeiertag: 9. Oktober
Zeit: MEZ +2 Stunden

Ukraine

Fläche: 603 700 km²
Einwohner: 46 Mio.
Bevölkerungswachstum pro Jahr: –0,6%
Lebenserwartung: 69 Jahre
Hauptstadt: Kiew
Andere wichtige Städte: Charkiw, Dnipropetrowsk, Odessa
Höchster Punkt: Gowerla (2 061 m)
Sprache: Ukrainisch, Russisch
Religion: Orthodoxe, Katholiken
Währung: 1 Hrywna = 100 Kopeken
Nationalfeiertag: 24. August
Zeit: MEZ +1 Stunde

Ungarn

Fläche: 93 032 km²
Einwohner: 10 Mio.
Bevölkerungswachstum pro Jahr: –1,7%
Lebenserwartung: 75 Jahre
Hauptstadt: Budapest
Andere wichtige Städte: Miskolc, Debrecen, Pécs
Höchster Punkt: Kékes (1 015 m)
Sprache: Ungarisch
Religion: Christen
Währung: 1 Forint = 100 Filler
Nationalfeiertag: 20. August
Zeit: MEZ

Uruguay

Fläche: 176 215 km²

Einwohner: 3,5 Mio.
Bevölkerungswachstum pro Jahr: 0,2%
Lebenserwartung: 76 Jahre
Hauptstadt: Montevideo
Andere wichtige Städte: Salto, Paysandú, Rivera
Höchster Punkt: Mirador Nacional (501 m)
Sprache: Spanisch
Religion: Katholiken
Währung: 1 Uruguayischer Peso = 100 Centésimos
Nationalfeiertag: 25. August
Zeit: MEZ –4 Stunden

Usbekistan

Fläche: 447 400 km²
Einwohner: 27,8 Mio.
Bevölkerungswachstum pro Jahr: 0,9%
Lebenserwartung: 73 Jahre
Hauptstadt: Taschkent
Andere wichtige Städte: Samarkand, Namangan, Buchara
Höchster Punkt: Beschtor (4 299 m)
Sprache: Usbekisch, Russisch
Religion: Muslime (Sunniten), Orthodoxe
Währung: 1 Usbekistan Sum = 100 Tijin
Nationalfeiertag: 1. September
Zeit: MEZ +4 Stunden

Vanuatu

Fläche: 12 189 km²
Einwohner: 240 000
Bevölkerungswachstum pro Jahr: 1,3%
Lebenserwartung: 65 Jahre
Hauptstadt: Port Vila
Andere wichtige Städte: Luganville
Höchster Punkt: Mount Tabwemasana (1 879 m)
Sprache: Bislama, Englisch, Französisch
Religion: Christen, Naturreligionen
Währung: 1 Vatu = 100 Centimes
Nationalfeiertag: 30. Juli
Zeit: MEZ +10 Stunden

Vatikanstadt

Fläche: 0,44 km²
Einwohner: 800
Bevölkerungswachstum pro Jahr: –
Lebenserwartung: –
Hauptstadt: Vatikanstadt
Andere wichtige Städte: –
Höchster Punkt: –
Sprache: Italienisch, Latein
Religion: Katholiken
Währung: 1 Euro = 100 Cent
Nationalfeiertag: 19. April
Zeit: MEZ

Venezuela

Fläche: 912 050 km²
Einwohner: 28,4 Mio.
Bevölkerungswachstum pro Jahr: 1,5%
Lebenserwartung: 74 Jahre
Hauptstadt: Caracas
Andere wichtige Städte: Maracaibo, Valencia, Barquisimeto
Höchster Punkt: Pico Bolívar (5 002 m)
Sprache: Spanisch, indianische Sprachen
Religion: Katholiken
Währung: 1 Bolívar = 100 Céntimos
Nationalfeiertag: 5. Juli
Zeit: MEZ –5,5 Stunden

Vereinigte Arabische Emirate

Fläche: 77 700 km²
Einwohner: 4,6 Mio.
Bevölkerungswachstum pro Jahr: 3,2%
Lebenserwartung: 77 Jahre
Hauptstadt: Abu Dhabi
Andere wichtige Städte: Dubai, Ash-Shariqah, Al-Ain
Höchster Punkt: Jabal Yibir (1 527 m)
Sprache: Arabisch, Englisch, Hindi, Urdu, Farsi
Religion: Muslime (Sunniten), Christen, Hindu
Währung: 1 Dirham = 100 Fils
Nationalfeiertag: 2. Dezember
Zeit: MEZ +3 Stunden

Vereinigte Staaten von Amerika (USA)

Fläche: 9 809 155 km²
Einwohner: 307 Mio.
Bevölkerungswachstum pro Jahr: 1%
Lebenserwartung: 78 Jahre
Hauptstadt: Washington D.C.
Andere wichtige Städte: New York, Los Angeles, Chicago
Höchste Punkte in Alaska: Mount McKinley (6 194 m), Mount Logan (5 959 m); Höchster Punkt in den USA: Mount Whitney (4 418 m)
Sprache: Englisch
Religion: Christen, Juden, Muslime
Währung: 1 US Dollar = 100 Cents
Nationalfeiertag: 4. Juli
Zeit: MEZ –5 bis –11 Stunden

Vietnam

Fläche: 331 114 km²
Einwohner: 87,3 Mio.
Bevölkerungswachstum pro Jahr: 1,1%
Lebenserwartung: 72 Jahre
Hauptstadt: Hanoi
Andere wichtige Städte: Ho-Chi-Minh-Stadt (Saigon), Haiphong
Höchster Punkt: Fan Si Pan (3 143 m)
Sprache: Vietnamesisch
Religion: Buddhisten, Katholiken
Währung: 1 Dong = 10 Hào = 100 Xu
Nationalfeiertag: 2. September
Zeit: MEZ +6 Stunden

Weissrussland

Fläche: 207 595 km²
Einwohner: 9,7 Mio.
Bevölkerungswachstum pro Jahr: –0,4%
Lebenserwartung: 71 Jahre
Hauptstadt: Minsk
Andere wichtige Städte: Gomel, Mogiljow, Witebsk
Höchster Punkt: Dzerzinskaja (346 m)
Sprache: Weißrussisch, Russisch
Religion: Orthodoxe, Katholiken
Währung: 1 Belarus-Rubel = 100 Kopeken
Nationalfeiertag: 27. Juli
Zeit: MEZ +1 Stunde

Zentralafrikanische Republik

Fläche: 622 436 km²
Einwohner: 4,4 Mio.
Bevölkerungswachstum pro Jahr: 2,1%
Lebenserwartung: 50 Jahre
Hauptstadt: Bangui
Andere wichtige Städte: Bérbérati, Bouar, Bambari
Höchster Punkt: Mont Kayagangiri (1 420 m)
Sprache: Sangho, Französisch, Bantu
Religion: Naturreligionen, Christen, Muslime
Währung: 1 CFA Franc = 100 Centimes
Nationalfeiertag: 1. Dezember
Zeit: MEZ

Zypern

Fläche: 9 251 km²
Einwohner: 871 000
Bevölkerungswachstum pro Jahr: 1,6%
Lebenserwartung: 78 Jahre
Hauptstadt: Nikosía (Levkosía)
Andere wichtige Städte: Limassol, Larnaka
Höchster Punkt: Olympos (1 952 m)
Sprache: Griechisch, Türkisch, Englisch
Religion: Orthodoxe, Muslime
Währung: 1 Euro = 100 Cent
Nationalfeiertag: 1. Oktober
Zeit: MEZ +1 Stunde

Die Kontinente:

Europa

Die beiden Kontinente Europa und Asien, die auf der größten zusammenhängenden Landmasse der Erde liegen, bilden zusammen den Großkontinent Eurasien. Dabei ist das im Westen gelegene Europa im Vergleich zu Asien zwar sehr klein, gilt aber wegen seiner geschichtlich bedeutungsvollen Rolle als eigenständiger Kontinent. Zu Europa gehören viele Länder mit unterschiedlichen Sprachen und Kulturen. Sie prägen die einzelnen Regionen unseres Kontinents: Nordeuropa, Südeuropa, Mitteleuropa, Westeuropa sowie Osteuropa.

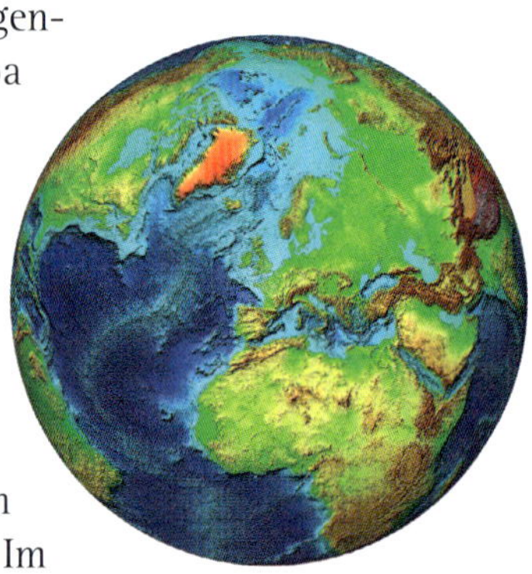

Europa wird im Norden, Süden und Westen von Meeren begrenzt. Im Osten bilden das Uralgebirge, der Fluss Ural, das Kaspische Meer und das Schwarze Meer eine natürliche Grenze zu Asien. Das Schwarze Meer ist ein Nebenmeer des Mittelmeers, mit dem es durch drei Meerengen verbunden ist. Das Kaspische Meer ist eigentlich kein Meer, sondern der größte Binnensee der Erde.

Obwohl Europa ein sehr kleiner Kontinent ist, gibt es drei Klimazonen. In Nordeuropa, wo Elch und Rentier zu Hause sind, sind die Winter dunkel, lang und eisig kalt und die Sommer nur mäßig warm. Bäume wachsen hier nicht. Die Tiere in der baumlosen Kältesteppe, der Tundra, ernähren sich meist nur von Gräsern und Sträuchern. Im gemäßigt feuchten Klima in West- und Mitteleuropa, wo es viel Mischwald gibt, sind Wildschweine, Hasen, Rehe, Rotfüchse und Eichhörnchen heimisch. Und in Südeuropa, wo die Sommer trocken und heiß und die Winter sehr regenreich sind, leben Smaragdeidechsen und Landschildkröten, die diesen Bedingungen gut angepasst sind. Hartlaubgewächse wie der Ölbaum gedeihen hier besonders gut.

J K L M N O P Q
1 2 3 4 5 6 7 8 9 10 11
Spitzbergen (Norw.)
Barentssee
Jan Mayen (Norw.)
Europäisches Nordmeer
RUSSLAND (asiatischer Teil)
Uralgebirge
NORWEGEN
SCHWEDEN
FINNLAND
Helsinki
Oslo
Stockholm
Tallinn
ESTLAND
Riga
LETTLAND
LITAUEN
Vilnius
ZU RUSSLAND
Moskau
RUSSLAND
Nordsee
Ostsee
Kopenhagen
DÄNEMARK
Minsk
WEISSRUSSLAND
Berlin
Warschau
POLEN
Amsterdam
NIEDERLANDE
DEUTSCHLAND
Brüssel
BELGIEN
LUXEMBURG
Luxemburg
Paris
Prag
TSCHECHISCHE REP.
SLOWAKEI
Bratislava
Kiew
UKRAINE
MOLDAWIEN
Chisinau
Kaspisches Meer
Wien
Budapest
UNGARN
RUMÄNIEN
Bukarest
LIECHTENSTEIN
Vaduz
Bern
SCHWEIZ
ÖSTERREICH
SLOWENIEN
Ljubljana
Zagreb
KROATIEN
BOSNIEN-HERZEGOWINA
Sarajevo
Belgrad
SERBIEN
BULGARIEN
Sofia
MONTENEGRO
Podgorica
Priština
KOSOVO
Skopje
MAZEDONIEN
ALBANIEN
Tirana
TÜRKEI
Schwarzes Meer
TÜRKEI (asiatischer Teil)
San Marino
SAN MARINO
MONACO
Monaco
Andorra la Vella
Korsika (Fr.)
Rom
VATIKANSTADT
ITALIEN
Sardinien (Ital.)
Balearen (Span.)
Athen
GRIECHENLAND
Sizilien (Ital.)
Valletta
MALTA
Kreta (Griech.)
Nikosia
ZYPERN
(Nordteil von der Türkei besetzt)
MITTELMEER
AFRIKA
ASIEN
FRANKREICH
GROSSBRITANNIEN
London

Deutschland

Brandenburger Tor

Das Brandenburger Tor, das einstige Stadttor des alten Berlin auf dem Pariser Platz, ist ein Zeichen für Frieden und Sieg, Sinnbild der Wiedervereinigung und Wahrzeichen der Stadt. Es wurde 1788-1791 von dem Architekten Carl Gotthard Langhans aus Sandstein errichtet. Auf dem 20 Meter hohen und 65 Meter breiten Tor steht die fünf Meter hohe Quadriga, ein von vier Pferden gezogener Triumphwagen mit der römischen Siegesgöttin Viktoria. Bis zum Mauerfall im Jahre 1989 lag das Brandenburger Tor im Ostteil der Stadt.

Ulmer Münster

Das Ulmer Münster ist das Wahrzeichen der ehemaligen freien Reichsstadt Ulm. Sein Kirchturm ist mit 161,5 Metern Höhe der höchste der Welt. 768 Stufen muss man hinaufsteigen, wenn man vom obersten Aussichtspunkt aus die Stadt überblicken will.

Im Herzen Europas liegt Deutschland. Mit 82,5 Millionen Menschen ist Deutschland eines der am dichtesten besiedelten Länder Europas. Das Ende des Zweiten Weltkrieges 1945 bedeutete das Ende des Deutschen Reiches, denn Deutschland wurde in zwei Hälften geteilt: Im Westen entstand die Bundesrepublik Deutschland (BRD), im Osten die Deutsche Demokratische Republik (DDR). Eine 1 378 km lange, streng bewachte Grenze trennte die beiden deutschen Staaten. Durch die ehemalige Hauptstadt Berlin wurde eine Mauer gebaut, welche die Stadt in eine Ost- und eine Westhälfte teilte.

Diese Mauer fiel im Jahr 1989 und seit 1990 ist Deutschland wieder ein vereintes Land. Berlin ist, wie vor der Teilung, wieder die Hauptstadt. Auch die Regierung und der deutsche Bundestag haben dort seit 1999 ihren Sitz. Bis zur Wiedervereinigung 1990 war Bonn die Hauptstadt der Bundesrepublik im Westen, Ost-Berlin die der Deutschen Demokratischen Republik. Heute ist Deutschland eine Bundesrepublik, das heißt ein Staat, der aus Bundesländern besteht. Die 16 Bundesländer Deutschlands haben alle ein eigenes Landeswappen, eine eigene Landeshauptstadt, eine Landesregierung und ein Landesparlament.

Die Landschaft in Deutschland ist abwechslungsreich und gegensätzlich: im Norden die Küstenlandschaft von Nord- und Ostsee mit zahlreichen Inseln, im Süden das Hochgebirge der Alpen. Dazwischen liegen bewaldete Mittelgebirge. Fast ein Drittel der Fläche Deutschlands ist mit Wald bedeckt und über die Hälfte davon wird landwirtschaftlich genutzt. Wichtige Bodenschätze sind Kohle, Eisen und Salz, doch auch Erdöl aus dem Norddeutschen Tiefland und Erdgas gewinnen zunehmend an Bedeutung. Deutschland zählt zu den wichtigsten Industrienationen der Welt. Vor allem die deutsche Autoindustrie findet weltweit Beachtung.

Der Römer in Frankfurt

ist das Wahrzeichen der Stadt. Das Haus mit den drei Giebeln dient heute als Rathaus.

Bremen

ist die Heimat der Stadtmusikanten aus Grimms Märchen.

HEIDELBERGER SCHLOSS

Das Schloss war bis 1689 Residenzschloss der Pfalzgrafen und Kurfürsten bei Rhein. Die Anlage ist die größte Schlossruine Deutschlands.

Schweiz

Uhren

Bereits seit dem 16. Jahrhundert werden in der Schweiz hochwertige Uhren hergestellt. Sie sind das bekannteste Exportgut dieses Landes. Im Uhrmacherzentrum Neuenburg wurde neben der bekannten Quarzuhr auch die Atomuhr erfunden.

Schweizer Schokolade

Im 16. Jahrhundert brachte der spanische Eroberer Hernán Cortés die Kakaobohne nach Europa. 1819 wurde die erste Schweizer Schokoladenmanufaktur gegründet. Die erlesene Qualität der Schweizer Schokolade genießt bis heute Weltruhm.

Die Schweiz ist berühmt für die atemberaubende Schönheit ihrer Bergwelt. Die Schweizer Alpen nehmen mehr als die Hälfte der Landesfläche ein. Der höchste Gipfel ist die Dufourspitze (4 637 Meter) im Monte-Rosa-Massiv, wo ein arktisches Klima herrscht. Am tiefsten Punkt, in Ascona (196 Meter), wachsen Palmen bei mediterranem Klima. Der bekannteste Gipfel aber ist das Matterhorn, das mit seinem unverwechselbaren Zacken hoch über Zermatt ragt.

Doch die Schweiz hat keineswegs nur Berge zu bieten. In dem kleinen Land gibt es ganz vielgestaltige Landschaftsformen. Im Schweizer Jura beispielsweise erstrecken sich weite grasbedeckte Hügelketten, unterbrochen von tiefen bewaldeten Tälern und Schluchten. Und im Schweizer Mittelland liegen zahlreiche Seen, unter denen der Genfer See und der Bodensee die größten sind. Hier im Mittelland lebt der größte Teil der Bevölkerung.

Die Hauptstadt der Schweiz ist Bern. Die größte Stadt ist Zürich. Hier haben viele Großbanken und viele Großunternehmen ihren Sitz. Die Schweizer Währung, der Franken, ist eine der stabilsten auf der ganzen Welt, weshalb auch ausländische Geschäftsleute ihr Geld gerne in der Schweiz anlegen. Viele internationale Organisationen haben ihren Sitz in der Schweiz, wie etwa die Vereinten Nationen in Genf. Die politisch neutrale Schweiz ist ein friedliebendes Land und hat seit dem 16. Jahrhundert an keinem Krieg mehr teilgenommen. Die Staatsform der Schweiz ist die Demokratie. Eine Besonderheit dabei ist, dass die Bürger durch eine Abstimmung, den so genannten Volksentscheid, Einfluss auf wichtige politische Entscheidungen nehmen können. In den 26 Teilstaaten, den so genannten Kantonen, werden vier unterschiedliche Sprachen gesprochen: Deutsch, Französisch, Italienisch und Rätoromanisch. Alle vier sind Amtssprachen. Daher sprechen viele Schweizer zwei oder mehr Sprachen.

Matterhorn

Der „Berg aller Berge“ gilt mit seinen 4478 Metern Höhe und dem majestätischen Aussehen als einer der eindrucksvollsten Berge der Alpen.

Zürich

Die Stadt am Zürichsee mit ihren zahlreichen Museen, Theatern, Bibliotheken und einer Universität ist ein bedeutendes Kulturzentrum.

1: Außerrhoden
2: Innerrhoden
3: Nidwalden
4: Obwalden

Liechtenstein

Zwischen der Schweiz und Österreich liegt das kleine Fürstentum Liechtenstein mit nur 33 000 Einwohnern. Es ist an keiner Stelle breiter als sechs Kilometer, so dass man es zu Fuß in nur zwei Stunden durchwandern könnte. Liechtenstein ist landschaftlich sehr reizvoll. Das flache Rheintal wird gesäumt von den hohen Bergen des Rätikon mit den beiden höchsten Gipfeln Vordergrauspitz (2 599 Meter) und Schwarzhorn (2 574 Meter). Da sich das kleine Land innerhalb nur weniger Jahrzehnte vom armen Bauernland zu einem der reichsten Länder der Welt entwickelt hat, gilt es als Wirtschaftswunderland.

Burg Gutenberg

An den Berghängen des kleinen Alpenlandes Liechtenstein liegen zahlreiche Burgen. Besonders reizvoll gelegen ist die Burg Gutenberg in der Gemeinde Balzers. Sie thront auf einem Weinberg über dem Dorf.

Österreich

Schloss Belvedere

Mitten in der Stadt Wien liegen in einer prächtigen Parkanlage die beiden barocken Belvedere-Schlösser. Sie zählen zu den schönsten barocken Bauwerken der Welt.

Hundertwasser-Haus

Mit seinen eigenwilligen Formen und Farben zählt das Hundertwasser-Haus zu den beliebtesten Touristenzielen Wiens. Benannt wurde es nach seinem Erbauer, dem berühmtesten Künstler und Architekten der Stadt, Friedensreich Hundertwasser.

Österreich liegt im südlichen Mitteleuropa und erstreckt sich vom Bodensee im Osten bis zum Neusiedler See im Westen. Landschaftlich geprägt wird Österreich von den Alpen, die zwei Drittel der Fläche einnehmen. Die österreichischen Alpen gliedern sich in drei Zonen – Südalpen, Zentralalpen und Nordalpen. In den Zentralalpen, im Naturschutzgebiet Hohe Tauern, liegt der höchste Berg des Landes, der 3 801 Meter hohe Großglockner. Land- und Viehwirtschaft spielen in Österreich eine große Rolle, doch liegen besonders in den Tälern auch bedeutende Industriestandorte.

Ganz im Osten des Landes liegt die Hauptstadt Wien. Durch Wien fließt die Donau, der zweitlängste Strom Europas. Mit zahlreichen Bauwerken aus verschiedenen Epochen gilt Wien als eine der glanzvollsten Metropolen der Welt. Weltberühmt sind beispielsweise das frühere kaiserliche Schloss Schönbrunn und die Wiener Hofburg, wo sich die Stallungen der berühmten Spanischen Hofreitschule befinden und auf Lipizzaner-Hengsten die hohe Schule der Reitkunst gepflegt wird. Doch Wien hat als Kulturmetropole auch viele moderne Bauwerke und Anlagen zu bieten wie etwa das Hundertwasser-Haus. Sehenswert ist auch die so genannte UN-City, ein eigens errichtetes Stadtviertel, in dem neben New York, Genf und Nairobi der vierte offizielle Amtssitz der Vereinten Nationen angesiedelt ist.

Eine wichtige Rolle spielt Wien auch als Theater- und Musikstadt. Aufführungen im berühmten Burgtheater und in der Staatsoper locken Zuschauer aus aller Welt. Doch auch in anderen großen Städten, vor allem in den Hauptstädten der österreichischen Bundesländer blüht das kulturelle Leben. In der Mozartstadt Salzburg beispielsweise finden seit 1920 jedes Jahr im Sommer die Salzburger Festspiele statt, die die Stadt weltberühmt gemacht haben. Auch in Bregenz, der Hauptstadt des Bundeslandes Vorarlberg, werden auf einer Seebühne im Bodensee regelmäßig Sommerfestspiele geboten.

STEPHANSDOM

Das auffällige Dach des Wiener Stephansdoms zieren rund 230000 bunt glasierte Ziegel.

FIAKER

Benannt nach ihrem Schutzpatron, dem heiligen Fiacrius, sind die Fiaker das traditionsreichste Transportmittel Wiens. Seit Ende des 17. Jahrhunderts gehören die Pferdefuhrwerke zum Stadtbild. Seit Anfang des 20. Jahrhunderts wurden sie jedoch weitestgehend durch das Auto verdrängt und sind heute eine beliebte Touristenattraktion.

Rentiere

Das Rentier ist die einzige Hirschart, die vom Menschen gezähmt wurde. Das Tier ist den eisigen Bedingungen in der Tundra besonders gut angepasst und wird von den Lappen als Zug-, Reit-, Milch- und Fleischtier gehalten. Bei dieser Hirschart tragen sowohl die männlichen als auch die weiblichen Tiere ein Geweih.

Hardangervidda

Der Hardangervidda-Nationalpark liegt im Südwesten Norwegens. Zahlreiche Seen und Fjorde prägen die Landschaft und im milden Klima wachsen über 400 Pflanzenarten.

Die kleine Meerjungfrau

Das Denkmal „Die kleine Meerjungfrau“ am Hafeneingang von Kopenhagen stellt eine Figur aus einem Märchen des weltberühmten dänischen Schriftstellers Hans Christian Andersen dar. Es ist das Wahrzeichen der Stadt.

Skandinavien

Schweden

Schweden ist das größte skandinavische Land. In den dichten Nadelwäldern streifen Elche, Braunbären und Wölfe umher. Das Holz der Wälder wird für die Möbelindustrie und zur Papierherstellung genutzt. Das Gebiet im Norden Schwedens und Finnlands heißt Lappland. Dort lebt das Volk der Lappen vor allem vom Fischfang und der Rentierzucht. Stockholm, die Hauptstadt Schwedens, liegt auf drei Inseln verteilt. Der wichtigste Fischereihafen des Königreiches aber ist Göteborg.

Finnland

Im Gegensatz zu den anderen skandinavischen Ländern ist Finnland eine Republik. Suomi ist der finnische Name des Landes und die Finnen selbst bezeichnen sich als „Suomalaiset“, als „Sumpfvolk“. Die Finnische Seenplatte, ein riesiges, fischreiches Gewässer mit unzähligen kleinen und größeren Inseln, dehnt sich über Mittel- und Südfinnland aus. Aufgrund des Klimas sind die Böden karg und kaum zur Landwirtschaft geeignet. Dafür sind Holzverarbeitung, Schiffsbau und Textilgewerbe wichtige Industrien. Die Hauptstadt Helsinki heißt wegen ihrer hellen Fassaden auch die „weiße Stadt des Nordens“.

Norwegen

Das Königreich mit der Hauptstadt Oslo erstreckt sich an der Westküste der skandinavischen Halbinsel. Auch arktische Gebiete wie Spitzbergen, die Bäreninsel und Jan Mayen gehören zu Norwegen. Die ungefähr 150000 Inseln vor der Küste nennt man Schären. Die Fjorde, die durch zurückgehende Gletscher der Eiszeit entstanden sind, reichen bis ins Landesinnere. Dort bieten weite, einsame Landstriche, bewaldete Berge, baumlose Gebirgsebenen, Moore, Seen und Flüsse ein abwechslungsreiches Bild.

Dänemark

Das Königreich Dänemark liegt zwischen Nord- und Ostsee und ist abgesehen von der Grenze zu Deutschland vollständig von Wasser umgeben. Das Land besteht aus der Halbinsel Jütland und Hunderten von Inseln, die durch Brücken miteinander verbunden sind. Die Hauptstadt Kopenhagen mit dem Schloss Amalienborg liegt auf der Insel Seeland.

Island

Die Republik Island - auf Feuer gebaut und von Eis bedeckt. So lässt sich die Insel im nördlichen Atlantischen Ozean treffend beschreiben. 99 Prozent der Insel bestehen aus Vulkangestein, das zum großen Teil mit Eisgletschern bedeckt ist. Noch heute gibt es dort rund 30 aktive Vulkane. Lavaströme und Aschewüsten finden sich ebenso wie blubbernde, schwefelstinkende Schlammlöcher und brodelnde Geysire, die kochende Wasserfontänen in den Himmel schleudern. Mit knapp drei Einwohnern pro Quadratkilometer ist Island das am dünnsten besiedelte Land Europas. Hauptstadt und Haupthafen bildet die Stadt Reykjavík.

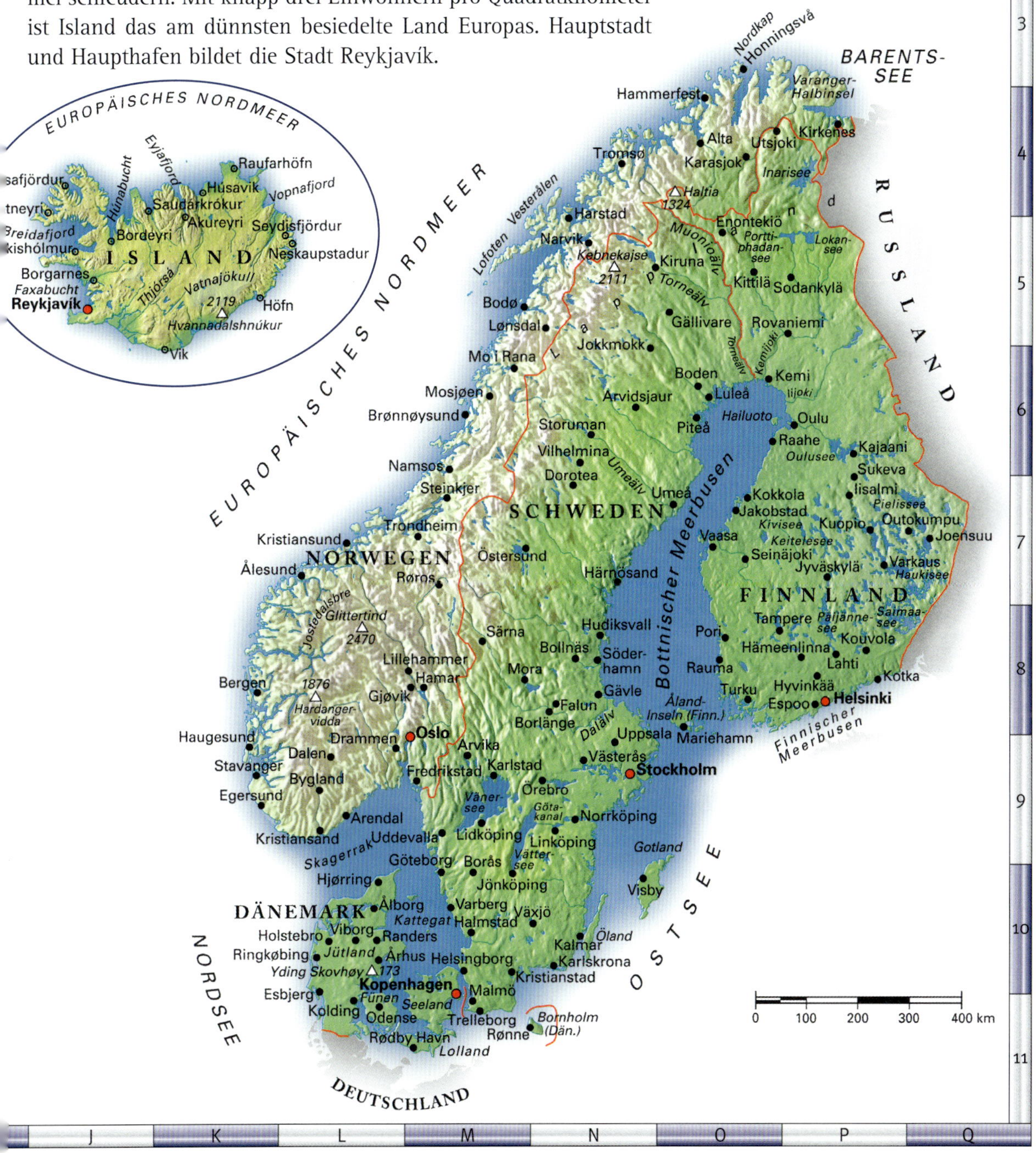

Britische Inseln

Wache vor dem Buckingham Palace

Der Buckingham Palace ist der Londoner Wohnsitz der königlichen Familie. Er wird von den Gardetruppen der Household Troops bewacht, die mit ihren roten Uniformröcken und Bärenfellmützen einen unverwechselbaren Anblick bieten. Die Wachablösung im Vorhof des Palastes ist besonders sehenswert. Begleitet von Kapellenmusik wird die Alte Garde in einem traditionellen Zeremoniell von der Neuen Garde abgelöst.

Big Ben

Der berühmte Glockenturm namens Big Ben gehört zum Londoner Parlamentsgebäude. Sein berühmter Glockenschlag ertönt zu jeder vollen Stunde.

Vereinigtes Königreich von Großbritannien und Nordirland

Das Vereinigte Königreich von Großbritannien und Nordirland besteht aus vier Ländern: England, Schottland, Wales und Nordirland. Auf der großbritannischen Hauptinsel liegen England, Schottland und Wales. Im Nordteil der Insel Irland liegt Nordirland. Jedes dieser Länder hat eine eigene Sprache. Neben Englisch wird auch heute noch Gälisch gesprochen, eine alte keltische Sprache. Landschaftlich hat Großbritannien viele Gesichter: Im Süden die Kreidefelsen bei Dover und der Lake District, ein Seengebiet; in Mittelengland das walisische Gebirge; die schottischen Highlands im Norden; die zerklüftete Westküste mit den vorgelagerten Hebriden-Inseln.

So vielfältig wie die Landschaft sind auch Kultur und Tradition, die in der langen, wechselvollen Geschichte des Landes wurzeln. Überall findet man Zeugnisse der Vergangenheit, alte Steinkreise und Kammergräber, Schlösser und Burgen, in denen Geister und Gespenster hausen sollen. Und wer kennt sie nicht, die Geschichten von König Artus und Robin Hood. Besonders Schottland im hohen Norden der Insel hat eine unverwechselbare Kultur und Tradition. Die Schottenröcke und die Dudelsäcke sind weltberühmt. Auf einer Fahrt durch die britische Hauptstadt London mit ihren unzähligen Doppeldeckerbussen und Taxis zeugen viele alte Bauwerke von der großen Geschichte des Landes: Big Ben, Tower, Buckingham Palace oder Westminster Abbey.

Nordirland nimmt als Provinz des Vereinigten Königreichs den nordöstlichen Teil der Insel Irland ein. Der Großteil der nordirischen Bevölkerung gehört der Anglikanischen Kirche an, da die englische Regierung bereits im 16. und 17. Jahrhundert dort Emigranten ansiedelte. Der Rest der irischen Insel ist vorwiegend katholisch. Bis 1921 war Nordirland Teil Irlands. Danach löste es sich und wurde selbstständiger Teil des Vereinigten Königreiches im Norden der heutigen Republik Irland. Bis heute kämpft die katholische Minderheit der Bevölkerung dafür, sich der Republik Irland anzuschließen. Der so genannte Nordirlandkonflikt, in dem Anschläge der Untergrundorganisationen beider Seiten immer wieder für bürgerkriegsähnliche Zustände zwischen der katholischen Minderheit und der anglikanischen Mehrheit der Bevölkerung sorgten, wurde im Friedensabkommen von 1998 gelöst.

Irland

Auf der nordwesteuropäischen Insel Irland, die von der britischen Hauptinsel durch die Irische See getrennt ist, regnet es häufig. Endlose Wiesen und saftige Weiden prägen das Landschaftsbild, weshalb man Irland auch die „grüne Insel" nennt. Im Inneren des Landes liegen große Moore, wasserreiche Flüsse und Seen. Der Norden und Süden sind bergig. Im Südwesten des Landes, wo der Golfstrom, eine warme Meeresströmung, Einfluss auf das Klima nimmt, gedeihen sogar subtropische Pflanzen.

HARFE

Das traditionelle Symbol Irlands ist die keltische Harfe. Sie findet sich auf allen irischen Euro-Münzen.

STONEHENGE

Stonehenge gilt als das bedeutendste Monument Europas aus vorgeschichtlicher Zeit. Die kreisförmig angeordnete Anlage aus 32 Blausteinen wurde um 2200 vor Christus nördlich von Salisbury angelegt. Der Ort diente rituellen Zeremonien.

ATOMIUM

Das riesige Monument wurde 1958 zur Weltausstellung in Brüssel erbaut und ist heute das Wahrzeichen der Stadt. Die 102 Meter hohe Konstruktion aus Stahl und Aluminium symbolisiert ein Eisenkristall mit neun Atomen in einer 150 billionenfachen Vergrößerung. Im Atomium befindet sich heute ein Museum über die Geschichte der Medizin.

WINDMÜHLE

Früher lag ein großer Teil der westlichen Landfläche der Niederlande unter Wasser. Deshalb wurden überall Windmühlen gebaut, mit denen das Wasser abgepumpt werden konnte. Zusätzlich nutzte man die Windmühlen zum Getreidemahlen. Die Windkraft wurde über die Windräder in mechanische Arbeit umgewandelt und konnte Pump- und Mahlwerk in Betrieb setzen.

Benelux-Staaten

Belgien

Das Königreich Belgien gehört zu den kleinsten europäischen Staaten, ist aber gleichzeitig eines der am dichtest besiedelten Länder. Die belgische Hauptstadt Brüssel spielt in Europa eine bedeutende Rolle. Viele europäische Einrichtungen, darunter die Kommission der Europäischen Union sowie das Hauptquartier des Ständigen Rates des Nordatlantikpaktes (NATO), haben dort ihren Sitz. Daher wird die Stadt auch Hauptstadt Europas genannt. Ein weltberühmtes Wahrzeichen Brüssels ist die Brunnenfigur Manneken Pis. Der „nackte, pinkelnde Knabe“ stammt aus dem Jahr 1619. Im Süden Belgiens leben vorwiegend Wallonen, die einen südbelgischen Dialekt sprechen. Die Flamen im Westen und Norden sprechen Flämisch, eine Mundart, die mit dem Niederländischen verwandt ist.

Niederlande

Das Königreich Niederlande wird im Allgemeinen als „Holland“ bezeichnet. Streng genommen ist das aber falsch, denn der Name gilt nur für das flache Tiefland im Westen, das teilweise nur sechs Meter über dem Meeresspiegel liegt. Viele Gebiete liegen auch unter dem Meeresspiegel. Deiche und natürliche Dünen schützen das Land gegen die Sturmfluten der Nordsee. Das Land der Windmühlen ist von zahlreichen Kanälen durchzogen, die vor allem der Entwässerung dienen. Windmühlen pumpen das Wasser aus den Sammelgräben in die Kanäle. Allein Amsterdam, die Hauptstadt der Niederlande, hat über fünfzig Kanäle, die man Grachten nennt. Im Frühjahr sind weite Teile der Niederlande mit einem farbenprächtigen Blumenteppich überzogen. Dann locken Tulpen-, Narzissen- und Hyazinthenfelder Touristen aus aller Welt.

Luxemburg

Das Großherzogtum Luxemburg, mit weiten Wald-, Heide- und Wiesenlandschaften im Norden und fruchtbaren Feldern im Süden, gehört zu den wohlhabendsten Ländern Europas. Das kleine Land hat nicht nur eine bedeutende Industrie, sondern ist mit über 200 internationalen Großbankfilialen auch ein wichtiges Finanzzentrum.

Magere Brug

Seit dem 17. Jahrhundert durchzieht die Stadt Amsterdam ein dichtes Netz von Kanälen, über die sich rund 1500 Brücken spannen. Die bekannteste von ihnen ist die Magere Brug, eine Klappbrücke, die mehrmals am Tag für durchfahrende Schiffe geöffnet wird. Die Brücke bietet besonders nachts, wenn sie von mehreren Hundert Glühlampen erhellt wird, einen einmalig schönen Anblick.

Frankreich und Monaco

Eiffelturm

Der Eiffelturm in Paris ist weltweit bekannt. Seit 1916 eine Antenne angebracht wurde, misst der Turm gar 329 Meter. Mit Aufzügen oder über 1652 Stufen gelangt man auf die oberste Aussichtsplattform.

Französischer Wein

Der Weinbau hat in Frankreich eine lange Tradition. Schon die Römer haben hier einst Wein angebaut. Ideale Boden- und Klimabedingungen in weiten Teilen des Landes bringen Spitzensorten von hoher Qualität hervor, die weltweit ein hohes Ansehen genießen.

Notre Dame

Die berühmte gotische Kathedrale Notre Dame wurde zwischen 1163 und 1260 errichtet. Besonders reich verziert ist das Mauerwerk der Westfassade.

Frankreich

Frankreich ist das größte Land Westeuropas. Im rauen Norden gedeihen vor allem Getreide und Zuckerrüben, im sonnigen Süden Oliven-, Mandelbäume und Palmen. Eingerahmt wird das Land von zwei mächtigen Gebirgen, den Pyrenäen im Süden und den Alpen im Osten. In den Alpen befindet sich auch der höchste Berg Europas, der Montblanc (4 808 Meter). Mehrere große Flüsse, darunter die Seine und die Loire, durchziehen die Ebenen im Westen und Norden Frankreichs. Die Hauptstadt Paris ist die größte Europas. Zu Frankreich gehört auch die Mittelmeerinsel Korsika.

Das bekannteste Wahrzeichen von Paris ist der Eiffelturm. Die hohe Eisenskelettkonstruktion ist benannt nach dem französischen Ingenieur Gustave Eiffel, der den Turm für die Weltausstellung 1889 und zur 100-Jahr-Feier der Französischen Revolution plante und errichten ließ. Und wer denkt bei Frankreich nicht an Wein, Käse und Baguette? Für ihre feine Lebensart, das „savoir-vivre", sind die Franzosen in der Welt bekannt. Essen und Trinken spielen dabei eine wichtige Rolle und die französische Kochkunst ist weltberühmt.

Monaco

Im Osten Frankreichs liegt das Fürstentum Monaco, nach der Vatikanstadt der zweitkleinste Staat der Welt. Neben den vielen Spielkasinos locken besonders große Ereignisse im Autorennsport wie die Rallye Monte Carlo und der Grand Prix von Monaco alljährlich unzählige Besucher in die gleichnamige Hauptstadt.

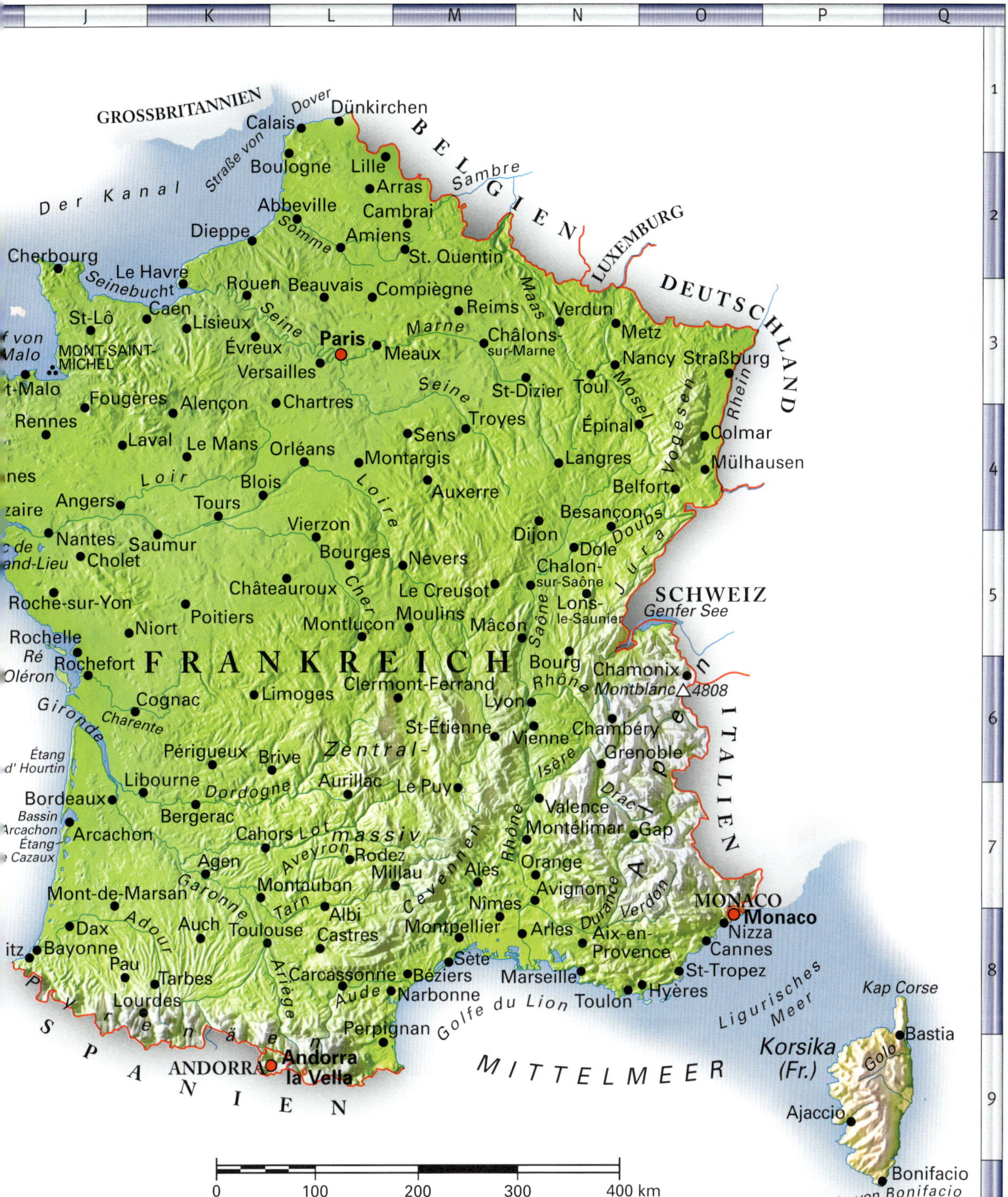

KASINO VON MONTE CARLO

Neben der Formel 1 hat der zweitgrößten Stadt im kleinen Fürstentum Monaco vor allem das Glücksspiel zu Ruhm verholfen. Seit 1863 verleiht das prachtvolle, berühmte Kasino Monte Carlo dem Spiel eine ganz besondere Eleganz und Feierlichkeit.

STIERKÄMPFER

Der Stierkampf gilt als Kampfspiel und hat in Spanien sowie in Portugal und Südfrankreich eine jahrhundertelange Tradition. Der Torero, der Stierkämpfer, reizt den zum Kampf gezüchteten Stier zunächst mit der Muleta (einem roten Tuch) und versetzt ihm schließlich einen tödlichen Degenstoß zwischen die Schulterblätter. In Portugal und Südfrankreich wird der Stier nur gereizt und der Kampf verläuft unblutig. Dennoch werden Stierkämpfe von Tierschützern in aller Welt vehement bekämpft.

TORRE DE BELÉM

Der 1516 errichtete Turm Torre de Belém ist heute das Wahrzeichen der portugiesischen Hauptstadt Lissabon. Im Laufe der Jahrhunderte wurde der einzigartige Turm, der zahlreiche bauliche Ornamente aufweist, als Festung, Zollkontrollpunkt, Telegrafenstation und Leuchtturm genutzt. 1983 wurde er zur Weltkulturstätte erklärt.

Iberische Halbinsel

Spanien

Spanien ist neben Portugal und Andorra der größte Staat auf der Iberischen Halbinsel im Südwesten Europas. Zu Spanien gehören auch die Mittelmeerinseln der Balearen und die Kanarischen Inseln vor der Küste Nordafrikas. Das Festland Spaniens wird oft mit einer Burg verglichen: Von den Küsten ragen steile Gebirge auf, die das Hochland im Inneren wie Mauern schützend umschließen. Im Zentrum dieser Hochfläche, die Meseta genannt wird, liegt die Hauptstadt Madrid.

Das milde Klima Spaniens, die zahlreichen weiten Strände und die einzigartigen Landschaften, wie etwa La Mancha mit den berühmten Windmühlen, locken jährlich über 60 Millionen Touristen ins Land. In vielen Städten Andalusiens haben die einstigen Maurenfürsten und die späteren christlichen Herrscher eindrucksvolle Bauwerke hinterlassen.

Portugal

Portugal nimmt den atlantischen Saum der Iberischen Halbinsel ein. Der Fluss Tejo teilt das Land in eine Nord- und eine Südhälfte. Der kühlere bergige Norden bildet einen starken Kontrast zu den heißen und trockenen Tieflandgebieten im Süden. Im Hafen der Hauptstadt Lissabon steht das Denkmal Heinrichs des Seefahrers. Er segelte als Erster rund um Afrika bis nach Indien und machte auf diese Weise Portugal einst zur größten Seemacht Europas. Die „Brücke des 25. April", welche die natürliche Hafen-

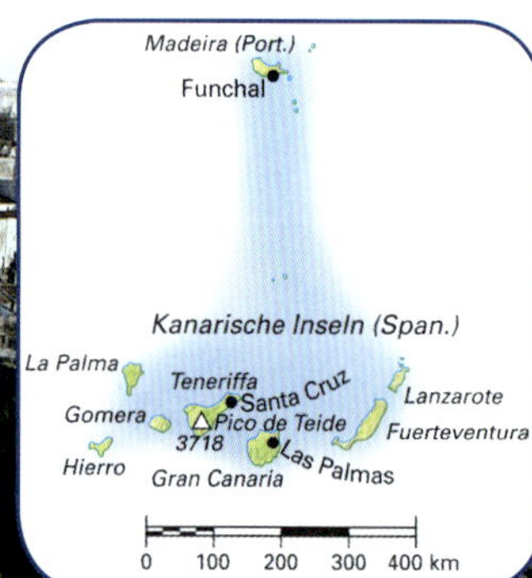

bucht Lissabons überspannt, ist eine der längsten Hängebrücken der Welt. Bis zur Eroberung durch die christlichen Spanier herrschten in Portugal die Mauren, ein arabisches Volk aus Nordafrika. Sie gründeten das älteste Stadtviertel Lissabons, die so genannte Alfama, die mit ihren verwinkelten Gassen und Häusern einen malerischen Anblick bietet.

Windmühlen

Die Nutzung der Windkraft hat in Spanien Tradition. Man nutzte sie zum Malen von Getreide und zum Pumpen von Wasser.

Andorra

In den Pyrenäen zwischen Spanien und Frankreich liegt der kleine Staat Andorra. Die Hauptstadt Andorra la Vella liegt auf 1 050 Metern Höhe und ist die höchst gelegene Hauptstadt Europas.

Italien

Kolosseum

Das Kolosseum, einst ein riesiges Amphitheater im alten Rom, wurde nach nur achtjähriger Bauzeit im Jahre 80 nach Christus von Kaiser Titus feierlich eingeweiht. Das Stadion besaß damals an die 50000 Sitzplätze. Bei großen Festspielen und Feierlichkeiten wurden in der Arena spektakuläre Kämpfe ausgetragen, in denen Gladiatoren gegen wilde, ausgehungerte Tiere wie Löwen und Bären antraten.

Pisa

Der Glockenturm des Dom zu Pisa wurde als „schiefer Turm von Pisa“ weltberühmt. Schon während des Baus sank der 54 Meter hohe Glockenturm ab, da der Baugrund nachgab. Noch heute neigt sich der Turm alle zwanzig Jahre um zwei Zentimeter. Weil er umzustürzen droht, wird er abgestützt.

Venedig

Die italienische Hafenstadt Venedig ist auf 118 Inseln erbaut, die durch rund 400 Brücken miteinander verbunden sind. Der Canale Grande mit der Rialtobrücke ist der berühmteste der rund 170 Kanäle, die die auf Pfählen gebaute Stadt durchziehen. Hauptverkehrsmittel sind Motorboote und die berühmten Gondeln. Venedig lockt jährlich 7,5 Millionen Besucher aus aller Welt.

Italien

Die Hauptstadt Italiens ist Rom. Sie soll der Sage nach von den Brüdern Romulus und Remus auf sieben Hügeln errichtet worden sein. Rom ist reich an einzigartigen Kunstwerken und bedeutenden Baudenkmälern. Zu Italien gehören die großen Inseln Sardinien und Sizilien sowie zahlreiche kleinere wie Capri mit der berühmten Blauen Grotte.

Im Norden wird das Land durch die Alpen begrenzt, an die sich nach Süden hin die Poebene anschließt. Zahlreiche Flüsse durchziehen die fruchtbare Tiefebene bis hin zu den Gebirgsketten des Apennin. Der Apennin mit seinen bis auf fast 3 000 Metern Höhe ansteigenden Bergen formt die italienische Halbinsel und setzt sich im Kalkgebirge Siziliens fort. Er ist ständig in Bewegung, so dass Italien sehr oft von Erdbeben und Vulkanausbrüchen heimgesucht wird. Der 3 340 Meter hohe Ätna in Sizilien ist noch immer aktiv. Zwei weitere bekannte Vulkane sind der Stromboli auf den Liparischen Inseln und der Vesuv bei Neapel. Nach Griechenland ist Italien das Land, das die europäische Kultur am meisten geprägt hat.

San Marino

Auf italienischem Boden, am nordöstlichen Fuß des Apennin, befindet sich der Zwergstaat San Marino. Er ist gerade so groß wie eine durchschnittliche deutsche Kleinstadt. Der Name San Marino geht zurück auf den heiligen Marinus von Rimini. Er soll San Marino im Jahr 301 gegründet haben.

Malta

Südlich von Sizilien liegt die Insel Malta mit ihren kleineren Schwesterinseln Gozo und Camino. Im Lauf der Jahrhunderte herrschten in Malta viele Völker: Phönizier, Römer, Araber, Türken, Franzosen und Engländer. Einzigartig und geheimnisvoll sind die antiken Tempelanlagen aus Megalithsteinen, die noch älter sind als die ägyptischen Pyramiden. Die Geschichte der Inseln lässt sich 7 000 Jahre zurückverfolgen. Heute ist Malta eine selbstständige Republik.

Vatikanstadt

Der Staat Vatikanstadt ist mit weniger als einem halben Quadratkilometer Fläche der kleinste selbstständige Staat der Welt. Er liegt innerhalb Roms auf dem Hügel Vatikanus und ist Sitz des Papstes, des Oberhauptes der katholischen Kirche. Der Überlieferung nach soll hier das Grab des Apostels Petrus sein, über dem heute der Petersdom steht, die größte Kirche der Welt. Auch in Vatikanstadt wurde der Euro eingeführt und ein eigener Münzensatz mit dem Bild des Papstes herausgegeben.

DALMATINER

Dalmatiner sind eine schwarz-weiß gefleckte Hunderasse. Der Name leitet sich ab von der Region Dalmatien entlang der serbo-kroatischen Küste. Dort wurde die Rasse erstmals gezüchtet.

ROSEN

Bulgarien ist einer der größten Lieferanten von Rosenöl. Echtes Rosenöl, welches aus den Knospen der Damaszenerrose gewonnen wird, ist eine der teuersten Zutaten bei der Parfümherstellung. Die größten Rosenfelder liegen bei Kazanlak.

ZWIEBELTÜRME

In Bulgarien sind zahlreiche Kirchen mit prachtvollen vergoldeten Zwiebeltürmen versehen.

Südosteuropa

Die als Balkan bezeichnete Region umfasst zumeist die Länder Bulgarien, Slowenien, Kroatien, Bosnien und Herzegowina, Serbien, Montenegro, Albanien, das Kosovo sowie Makedonien, obgleich auch Rumänien, Griechenland und die Türkei Anteil an der Balkanhalbinsel haben. Der Balkan ist ein Faltengebirge, das sich durch ganz Bulgarien erstreckt und der Halbinsel den Namen gegeben hat.

Bulgarien

Bulgarien grenzt im Osten an das Schwarze Meer, das mit seinem warmen Mittelmeerklima viele Urlauber anzieht. Doch auch die hohen, bewaldeten Gebirge sind beliebte Reiseziele. In Bulgarien liegt das Tal der Rosen. Hier werden kostbare Rosenöle für feine Parfüms in der ganzen Welt produziert.

Slowenien, Kroatien und Makedonien

Diese drei Staaten sind seit 1991 unabhängig. Zwischen den hohen Bergen und tiefen Schluchten finden sich unzählige Wasserfälle, Höhlen und Grotten. Die zweitgrößte Tropfsteinhöhle der Welt, die Adelsberger Grotte, liegt in Slowenien.

Bosnien und Herzegowina

Berühmt ist das Land vor allem durch weite Pflaumengärten. Aus den Pflaumen wird der berühmte Slibowitz gebrannt. Bosnien und Herzegowina wurde 1992 unabhängig.

Serbien, Montenegro, Kosovo, Albanien

Serbien und Montenegro hatten sich 2003 zusammengeschlossen. 2006 erklärte sich Montenegro zum unabhängigen Staat, das Kosovo im Jahr 2008. Montenegro und Albanien grenzen an die Adria, ein Teilmeer des Mittelmeeres. Neben rauem Gebirgsland gibt es fruchtbare Ebenen, in denen Getreide, Kartoffeln und Obst gedeihen.

Rumänien

Das hohe Gebirge der Karpaten durchzieht das ganze Land. An den Gebirgshängen wachsen Wein und Obst. In dem einzigartigen Donaudelta finden allerlei Fisch- und Vogelarten einen idealen Lebensraum.

J
K
L
M
N
O
P
Q
1
2
3
4
5
6
7
8
9
10
11
UKRAINE
MOLDAWIEN
UNGARN
RUMÄNIEN
Suceava
Baia Mare
Ostkarpaten
Piatra-Neamt
Pruth
Cluj-Napoca
Tîrgu Mureş
Arad
Hermannstadt (Sibiu)
2543
Moldoveanu
Timişoara
Südkarpaten
Rîmnicu-Vîlcea
Ploieşti
Galaţi
Brăila
UKRAINE
Zagreb
Donau
KROATIEN
Osijek
Subotica
Novi Sad
Donau
Save
Banja Luka
Tuzla
BOSNIEN UND HERZEGOWINA
Belgrad
Sarajevo
1913
SERBIEN
Drobeta-Turnu Severin
Craiova
Bukarest
Konstanza
Ruse
Donau
Schwarzes Meer
Maglić 2386
Mostar
2522
Durmitor
Novi Pazar
Niš
Lom
Pleven
Sumen
Varna
BULGARIEN
Dubrovnik
MONTE-NEGRO
Podgorica
Peć
Priština
KOSOVO
2694
Jezercë
Sofia
Stara Zagora
Burgas
Skutarisee
Skutari
Prizren
Kumanovo
Skopje
Musala 2925
Plovdiv
Marica
Korab
2764
MAZEDONIEN
Smoljan
Tirana
Durrës
Ohridsee
Bitola
Drama
Prespasee
ALBANIEN
Vlorë
Saloniki
GRIECHENLAND
Thasos
Chalkidiki
Samothraki
TÜRKEI
Straße von Otranto
2917
Olymp
Limnos
Larisa
Ägäisches Meer
Lesbos
Ioannina
Korfu
Lefkas
Nördliche Sporaden
Lamia
Ionisches Meer
Ionische Inseln
Euböa
Chios
Ithaka
Theben
Kefallinia
Patras
Korinth
Athen
Andros
Samos
Zakynthos
Peloponnes
Piräus
Kea
Tinos
Kalamata
Tripolis
Kythnos
Syros
Mykonos
Südliche Sporaden
Serifos
Paros
Naxos
Sparta
Amorgos
Milos
Kykladen
Ios
Astypalaia
Santorin
Anafi
Rhodos
Karpathos
0
100
200
300 km
Iraklion
Kasos
Kreta

METEORA-KLÖSTER

Seit dem 15. Jahrhundert thronen die Meteora-Klöster auf den unzugänglichen Felsgipfeln in Thessalien. Sie zählen heute zu den bedeutendsten Bauwerken Griechenlands und stehen unter dem Schutz der UNESCO.

PARTHENON

Der Parthenon ist ein weltbekannter, antiker Tempel, der im 5. Jahrhundert vor Christus erbaut wurde. Er ist der Göttin Athene geweiht, der Schutzpatronin von Athen. Zusammen mit weiteren Tempeln steht der Parthenon auf der Akropolis, dem Burghügel hoch über Athen.

Griechenland

Die hellenistische Republik Griechenland in Südosteuropa ist von drei Seiten vom Mittelmeer umschlossen, wobei man den westlichen Teil als Ionisches Meer und den östlichen als Ägäisches Meer bezeichnet. Griechenland bildet den südlichen Ausläufer der Balkanhalbinsel. Aufgrund des mediterranen Klimas leben hier viele wärmeliebende Tiere wie Vipern, Smaragdeidechsen oder Landschildkröten. Angebaut werden vor allem Oliven, Zitrusfrüchte, Baumwolle und Tabak. Das Land erstreckt sich über das Festland, die Halbinsel Peloponnes und mehr als 2 000 Inseln. Kennzeichnend für das Landschaftsbild sind hochragende Gebirge und eine stark gegliederte Küste mit tief ins Land greifenden Buchten. Der höchste Berg Griechenlands ist der Olymp (2 917 Meter). In der griechischen Sage gilt er als der Sitz der Götter.

Griechenland ist das Land der Sagen und Mythen, der Götter und Tempel, der Kunst und Wissenschaft. Durch die begünstigte Lage im östlichen Mittelmeer wurde Griechenland zum Zentrum der Antiken Welt, zur Brücke zwischen Europa, Asien und Afrika, zum Mittler zwischen Abendland und Morgenland. In der Literatur, Philosophie, Kunst und Wissenschaft des antiken Griechenlands liegen die Wurzeln unserer europäischen Kultur. Auch der Name Europa führt auf die griechische Sagenwelt zurück: Die phönizische Königstochter Europa wurde demnach vom höchsten Gott Zeus, der sich vorher in einen zahmen Stier verwandelt hatte, nach Kreta entführt.

Die Olympischen Spiele haben ihren Ursprung ebenfalls im antiken Griechenland. Sie fanden bereits im 8. Jahrhundert vor Christus zu Ehren des Zeus im Ort Olympia statt. Dort errichtete man auch den berühmten Zeustempel. Skulpturen daraus sind heute im Museum von Olympia ausgestellt.

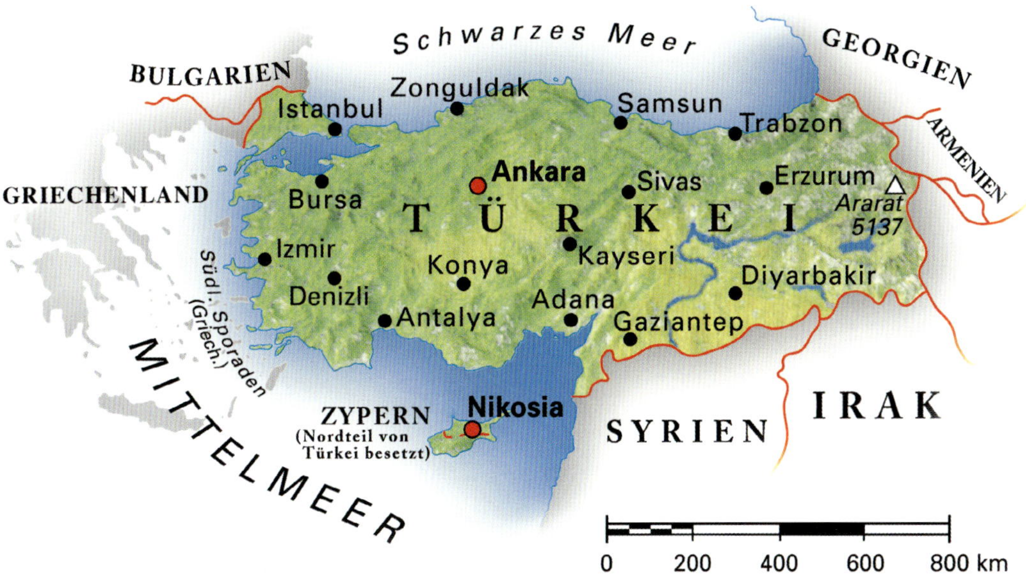

Türkei

Die Türkei ist ein Land auf zwei Kontinenten. Der kleinere europäische Teil ist durch Dardanellen, Marmarameer und Bosporus vom größeren asiatischen Kontinent getrennt (siehe auch Seite 60 und 61). Istanbul, das frühere Konstantinopel, ist die größte Stadt der Türkei und hat Anteil an beiden Kontinenten, da sie sich diesseits und jenseits des Bosporus erstreckt. Verbunden sind die beiden Stadtteile durch die größte Hängebrücke Europas.

Die Altstadt mit ihren engen Gassen und bunten Basaren liegt am europäischen Ufer. Auch prächtige Bauwerke wie die Blaue Moschee, die Hagia Sophia oder der Sultanspalast sind hier zu finden. Die Hauptstadt der Türkei ist Ankara. Landschaftlich und klimatisch ist die Türkei ebenfalls ein sehr kontrastreiches Land. Im Westen und Süden herrscht Mittelmeerklima, im Inneren des Landes ist es trocken und im Winter sehr kalt.

Zypern

Südlich der Türkei liegt die Inselrepublik Zypern. Seit 1974 ist die Insel Zypern faktisch in einen Südteil und einen Nordteil geteilt. Im Gegensatz zur Republik Zypern im Südteil der Insel ist der Nordteil international nicht als Staat anerkannt. Einzig die Türkei betrachtet die Türkische Republik Nordzypern als eigenen Staat. Die große Mehrheit der Zyprioten spricht Griechisch und gehört der griechisch-orthodoxen Kirche an. Die Minderheit ist türkischer Herkunft und gehört dem Islam an. In den windgeschützten Tälern zwischen den zwei Gebirgsketten, die Zypern durchziehen, reifen Getreide, Oliven und Zitrusfrüchte.

Moschee in Istanbul

Typisch für die Gotteshäuser der Muslime sind die schlanken Minarette und die kuppelförmigen Dächer.

Ephesus

Die antike Stadt im Westen der Türkei zieht wegen der beeindruckenden Ausgrabungsstätten Touristen aus aller Welt an.

Danzig

Danzig, eine der bedeutendsten und ältesten Industrie- und Hafenstädte an der Ostsee, liegt am Weichseldelta und gehört seit 1945 zu Polen. Einige mittelalterliche Bauten der Stadt wurden nach dem Zweiten Weltkrieg wieder aufgebaut.

Wenzelsplatz

Im Zentrum der Stadt Prag befindet sich der bekannte Wenzelsplatz mit dem Standbild des heiligen Wenzel. Hier treffen sich seit jeher die Prager zu Feiern, Demonstrationen und Kundgebungen. Der Platz ist sehr belebt und gesäumt von Hotels, Boutiquen, Kinos, Theatern und Bars.

Östliches Mitteleuropa

Polen

Der fruchtbare Boden des Landes gab Polen seinen Namen. „Pole" ist ein slawisches Wort und bedeutet Feld. Zwei Drittel der Landesfläche besteht aus Tiefland. Im Südwesten liegt das Gebirge der Sudeten mit dem Riesengebirge und der polnischen Hochfläche, im Südosten die Karpaten, ein mächtiger Gebirgszug, der sich über 1 300 Kilometer weit durch das südöstliche Mitteleuropa erstreckt. In den Wäldern sind auch heute noch Elche, Luchse und sogar Braunbären heimisch. Die Hauptstadt Polens, Warschau, liegt mit ihrer historischen Altstadt an der Weichsel.

Ungarn

Ungarn besteht überwiegend aus Tiefland. In den fruchtbaren Ebenen gedeihen Weizen und Mais, aber auch Obst und Gemüse, vor allem die berühmte ungarische Paprika. Budapest, die Hauptstadt Ungarns, bestand ehemals aus zwei selbstständigen Städten: Buda und Pest. Budapest zählt zu den schönsten Städten Europas. Der berühmteste See des Landes ist der Plattensee mit seinen beliebten Badeorten.

Tschechien

Bis 1992 bildeten das heutige Tschechien und die Slowakei den gemeinsamen Staat Tschechoslowakei. Heute sind beide selbstständig. Prag, die Hauptstadt Tschechiens, liegt an der Moldau. Wegen ihrer prunkvollen Burgen, Türme und Dome heißt sie auch die „Goldene Stadt".

Slowakei

Die Slowakei ist seit 1991 zum ersten Mal in ihrer tausendjährigen Geschichte unabhängig. Die Hauptstadt der Slowakei ist Bratislava. In den dichten Wäldern des Landes leben Braunbären, Wölfe, Luchse und Wildkatzen.

Eurasischer Luchs

Der Eurasische Luchs mit dem zipfligen Backenbart und den Ohrpinseln lebt bevorzugt in Mischwäldern. Aus Europa hat ihn der Mensch aber inzwischen weitestgehend vertrieben.

Ungarische Paprika

Die berühmte ungarische Paprika ist einer der wichtigsten Exportartikel des Landes. Paprika gedeihen vor allem im Umland von Szeged und Kaloska in der ungarischen Puszta.

Osteuropa

Basilius Kathedrale

Zur Erinnerung an seinen militärischen Sieg über die Tataren ließ Zar Iwan der Schreckliche im 16. Jahrhundert die prunkvolle Basilius Kathedrale errichten. Sie steht auf dem Roten Platz in Moskau, hat neun leuchtende Kuppeln und gilt als die schönste Kirche Russlands. Angeblich befahl Zar Iwan den Baumeister nach getaner Arbeit zu blenden, damit der kein noch prachtvolleres Bauwerk errichten konnte.

Matroschka

Die volkstümliche russische Holzpuppe besteht aus mehreren ineinander geschachtelten Puppen.

Katharinenpalast

Das prachtvolle Barockschloss in Puschkin, südlich von St. Petersburg, diente den russischen Zaren als Sommerresidenz. Im Zweiten Weltkrieg wurde das Gebäude fast vollständig zerstört. Auch das legendäre Bernsteinzimmer verschwand in dieser Zeit aus dem Palast. Seit dem Jahr 2003 kann man das wieder hergestellte Zimmer dort bewundern.

Die Länder der ehemaligen Sowjetunion

Als sich Anfang der 1990er Jahre die Sowjetunion nach und nach auflöste, schlossen sich die meisten der ehemals sowjetischen Länder zu einer neuen Union zusammen, die „Gemeinschaft unabhängiger Staaten" (GUS). Die GUS, die heute allerdings keine bedeutende Rolle mehr spielt, besteht aus zwölf Ländern, sechs liegen in Europa, sechs in Asien. Russland rechnet sich zwar zu Europa, doch der größte Teil des Gebiets liegt in Asien. Die europäischen Länder sind die Russische Föderation, Weißrussland (Belarus), Ukraine, Moldawien (Republik Moldau), Georgien und Armenien. Die asiatischen Länder sind Aserbaidschan, Kasachstan, Turkmenistan, Usbekistan, Tadschikistan und Kirgisistan.

Russland ist fast doppelt so groß wie die USA. Die Hauptstadt Moskau liegt im europäischen Teil Russlands. Die zweitgrößte russische Stadt ist St. Petersburg. Sie wurde 1706 von Zar Peter dem Großen gegründet und war 200 Jahre lang Hauptstadt des Zarenreiches. In der Gegend um St. Petersburg gibt es unzählige Seen und Wildbäche und eine einzigartige Pflanzenwelt. Die Taiga mit ihren Tannenwäldern und den weiten Sumpflandschaften stellt das größte Urwaldgebiet der Erde dar.

Zwei weitere bedeutende europäische Länder der ehemaligen Sowjetunion sind die Ukraine und Weißrussland (Belarus). Die Ukraine galt wegen ihrer fruchtbaren Böden jahrhundertelang als Kornkammer Russlands. Seit dem Reaktorunfall von Tschernobyl 1986 aber liegen weite Gebiete brach. Weißrussland ist ein wichtiges Durchgangsland zwischen Mitteleuropa und Russland.

Das Baltikum – Estland, Lettland, Litauen

Vor allen anderen Staaten der ehemaligen Sowjetunion erklärten sich 1990 die drei baltischen Länder für unabhängig. Der kleinste Staat im Baltikum ist Estland. Vor der Küste liegen rund 800 kleine Inseln. Das Landschaftsbild der baltischen Länder bestimmen Moore, Wälder, Seen und Flüsse.

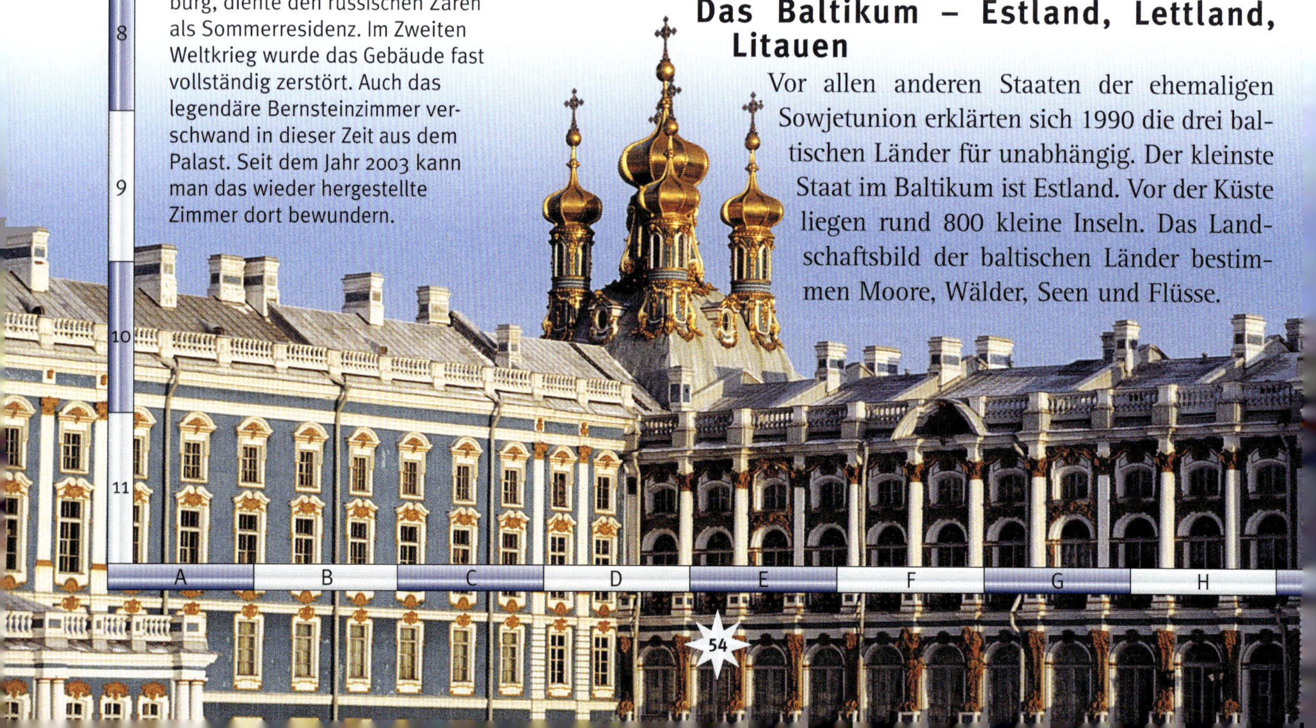

J
K
L
M
N
O
P
Q
1
2
3
4
5
6
7
8
9
10
11
200
400
600
800 km
Nowaja Semlja
Barentssee
Kolgujew
Kanin-Halbinsel
Workuta
Ob
Ob
1894
Narodnaja Gora
Petschora
Ural
Uralgebirge
Irtysch
NORWEGEN
Murmansk
Halbinsel Kola
Uchta
Weißes Meer
Archangelsk
Wytschegda
Serow
Syktywkar
Solikamsk
Nischni Tagil
Nördliche Dwina
Kama
Jekaterinburg
Perm
FINNLAND
Onegasee
Petrosawodsk
Suchona
Wjatka
Tscheljabinsk
Ladogasee
Ischewsk
Miass
Slatoust
Tscherepowez
Wologda
Ufa
Sankt Petersburg
Kostroma
Nabereschnyje Tschelny
Magnitogorsk
Tallinn
Rybinsk
Kasan
Sterlitamak
ESTLAND
Nowgorod
Jaroslawl
Iwanowo
Wolga
Tscheboksary
Tartu (Dorpat)
Nischni Nowgorod
OSTSEE
Twer
Sergijew Posad
Simbirsk
Togljatti
Orenburg
LETTLAND
Saransk
Samara
Moskau
Ural
Liepāja
Riga
Welikije Luki
RUSSLAND
Rjasan
Daugavpils
Düna
Kaluga
Tula
Pensa
Balakowo
Klaipėda (Memel)
LITAUEN
Witebsk
Smolensk
Kaunas
Desna
Orjol
Saratow
KASACHSTAN
ZU RUSSLAND
Kaliningrad (Königsberg)
Vilnius
Borissow
Engels
Memel
Mogiljow
Lipezk
Minsk
Briansk
Tambow
Grodno
Bobruisk
Don
Woronesch
Kursk
Kamyschin
WEISSRUSSLAND
Gomel
POLEN
Brest
Pripjat
Tschernihiw
Sumi
Wolgograd
Tschernobyl
Charkiw
Bug
Schitomir
Kiew
Wolga
UKRAINE
Luhansk
Astrachan
Lwiw (Lemberg)
Krementschuk
Dnipropetrowsk
Donezk
Kaspisches Meer
Dnipro
Dnister
Winnizja
Don
SLOWAKEI
Saporischja
Mariupol
Rostow am Don
Hoverlja
2061
Balti
MOLDAWIEN
Mikolajiw
Melitopol
UNGARN
Chisinau
Cherson
Stawropol
Machatschkala
Krasnodar
Pruth
Odessa
RUMÄNIEN
Krim
Armawir
Naltschik
Grosny
Elbrus
5642
Wladikawkas
Kaukasus
Sewastopol
GEORGIEN
ASERBAIDSCHAN
Schwarzes Meer

Die Kontinente:

Asien

Asien ist der größte Kontinent der Erde. Er erstreckt sich beinahe um den halben Globus und nimmt rund ein Drittel der gesamten Landmasse der Erde ein. In Asien befinden sich die höchsten Berge, der größte See und der tiefste Punkt der Welt. Auf diesem Kontinent der Superlative leben rund 60 Prozent der Weltbevölkerung. Asien ist die Wiege der fünf großen Weltreligionen: des Judentums, des Christentums, des Islam, des Buddhismus und des Hinduismus.

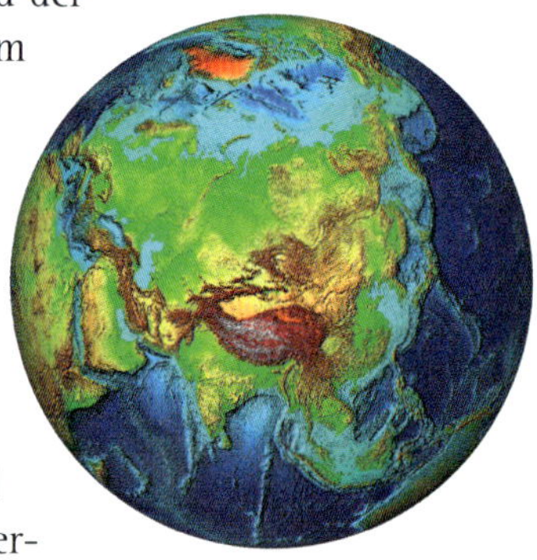

In Asien sind alle Klima- und Vegetationszonen unserer Erde vertreten. Während es in den feuchtheißen Tropengebieten des Ostens und Südens immergrüne Regenwälder, fruchtbare Ebenen und hunderte von tropischen Inseln gibt, werden der Südwesten und das Innere des Kontinents von Wüsten und Gebirgen geprägt. Nach Norden hin wird die Steppenlandschaft Zentralasiens von den riesigen Nadelwäldern Russlands abgelöst. Ganz im Norden des Kontinents erstreckt sich ein Tundragürtel, eine baumlose Kältesteppe, bis an die Küste des Nordpolarmeeres. Für den Weltmarkt liefert Asien vor allem Reis, Tee, Kaffee, Gewürze, Kautschuk und Tabak.

Durch die unterschiedlichen Klimabedingungen bietet Asien vielen Tierarten einen idealen Lebensraum, den Eisbären im Norden ebenso wie den Affen, Tigern, Elefanten, Schlangen und seltenen, farbenprächtigen Vogelarten im Süden.

J
K
L
M
N
O
P
Q
1
2
3
4
5
6
7
8
9
10
11
ARKTIS
dpolarmeer
Ochotskisches Meer
PAZIFISCHER OZEAN
RUSSLAND
Japanisches Meer (Ostmeer)
Ulan-Bator
Tokio
NORD-KOREA
Pjöngjang
Seoul
JAPAN
MONGOLEI
Astana
KASACHSTAN
Beijing (Peking)
SÜD-KOREA
Gelbes Meer
Bischkek
KIRGISISTAN
Taschkent
EKISTAN
Ost-chinesisches Meer
TADSCHIKISTAN
Duschanbe
STAN
CHINA
Taipeh
TAIWAN (REP. CHINA)
AFGHANISTAN
Kabul
Islamabad
Thimbu
BHUTAN
NEPAL
Katmandu
Neu-Delhi
PAKISTAN
Manila
PHILIPPINEN
Hanoi
BANGLA-DESCH
Dhaka
MYANMAR (BIRMA)
LAOS
Naypyidaw
Vientiane
VIETNAM
Süd-chinesisches Meer
INDIEN
THAILAND
KAMBODSCHA
Bangkok
Phnom Penh
ches Meer
Golf von Bengalen
BRUNEI
Bandar Seri Begawan
MALAYSIA
INDONESIEN
SRI LANKA
Kuala Lumpur
Singapur
SINGAPUR
OST-TIMOR
Dili
MALEDIVEN
Colombo
Sri Jayewardenepura Kotte
Malé
AUSTRALIEN
INDISCHER OZEAN
Jakarta
0 200 400 600 800 km

Russland und seine Nachbarn

Öl in Kasachstan

Kasachstan ist reich an Bodenschätzen. Eines der wichtigsten Ausfuhrgüter des Landes ist Erdöl. Wichtige Handelspartner sind unter anderem Deutschland und die USA, mit denen Nutzungsvereinbarungen für große Ölfelder des Landes bestehen.

Rentier

Das dichte, langhaarige Fell des Ren ist im Sommer dunkelbraun bis graubraun, gelblich weiß oder gescheckt, im Winter weißgrau. Es lebt in Herden und legt alljährlich lange Wanderungen durch die nordischen Weiten zurück.

Sibirischer Tiger

Der Sibirische Tiger ist unter allen Katzenarten die größte und zugleich seltenste. Man schätzt den Bestand auf nur noch rund 200 Exemplare. Durch Jagd und die Reduzierung seines Lebensraums ist der Sibirische Tiger nahezu ausgerottet.

Braunbär

Der Braunbär ist Russlands Wappentier. In der russischen Folklore und in vielen Märchen spielt er eine große Rolle, denn dort ist er Symbol für Weisheit und Wohlwollen. Die Schattierungen seines Fells reichen von rötlich-gelb bis fast weiß.

Zu Russlands europäischen Nachbarn gehören neben den baltischen Staaten die Republiken Weißrussland, Ukraine, Moldawien, Georgien, Aserbaidschan, und Armenien. Die natürliche Grenze zum asiatischen Erdteil bildet das Uralgebirge.

Russland

Russland ist das flächenmäßig größte Land der Erde. Es umfasst ein Siebtel der Landmasse der Erde, nimmt zwei Drittel der Fläche Asiens und ein Drittel der Fläche Europas ein. Es erstreckt sich von der Ostsee und dem Schwarzen Meer im Westen über Osteuropa und Sibirien bis zum Pazifik im Osten. Das Land ist so groß, dass es in elf Zeitzonen unterteilt ist. Nahezu alle Klima- und Landschaftstypen sind zu finden, von der Kältesteppe im Polargebiet bis zu den Halbwüsten und Wüsten im Süden. Östlich des Uralgebirges folgen das Westsibirische Tiefland, das zu den größten Tiefländern der Erde zählt, das Mittelsibirische Bergland und das Ostsibirische Gebirgsland. Den Süden der Republik durchzieht ein breiter, ebener Steppengürtel. Die ausgedehnten Flachländer werden im Süden und Osten von den Gebirgsketten des Kaukasus, Altai und der Sajanen sowie den Gebirgen Ostsibiriens begrenzt. Im „Goldenen Gebirge“ des Altai finden sich zahlreiche Seen sowie eine artenreiche Tier- und Pflanzenwelt. Im Süden Sibiriens, östlich von Irkutsk, liegt der Baikalsee. Er ist mit 1 637 Metern der tiefste und mit rund 25 Millionen Jahren auch der älteste See der Erde. Im Baikalsee leben auch Robben, die vermutlich während der letzten Eiszeit von Norden in den See eingewandert sind und sich dann nach und nach dem Leben im Süßwasser angepasst haben. Der östlichste Punkt Asiens ist die Tschuktschen-Halbinsel am Beringmeer gegenüber von Alaska.

KREML

Kreml bedeutet „Stadtfestung“. Der Kreml in Moskau wurde im 12. Jahrhundert als Befestigungsanlage gebaut. Heute ist er Residenz des Präsidenten.

EISBÄR

Der Eisbär ist ein guter Schwimmer und Taucher. Er ernährt sich von Robben, Fischen und Seevögeln.

WOLF

Der Wolf streift durch die immergrünen Nadelwälder Sibiriens. Im Sommer lebt er einzeln oder in Paaren, im Winter in Rudeln. Im Rudel herrscht eine genau festgelegte Rangordnung. Jedes Tier zeigt dem anderen durch eine bestimmte Körperhaltung, welchen Rang es einnimmt. Das stärkste Tier im Rudel ist das Leittier.

Märchen aus 1001 Nacht

Die fantastischen Märchen aus dem Morgenland, die Prinzessin Scheherazade erfunden haben soll, sind in aller Welt bekannt. Eines der berühmtesten Märchen ist „Aladin und die Wunderlampe“. Aladin findet darin eine alte Lampe. Als er daran reibt, zaubert er einen Geist hervor, der ihm alle seine Wünsche erfüllt.

Fliegender Teppich

Fliegende Teppiche sind aus orientalischen Märchen nicht wegzudenken. Die Zauberteppiche erscheinen auf wundersame Weise, nehmen Sultane und Prinzessinnen mit auf eine Reise durch Zeit und Raum und lassen ihre Träume von Liebe und Glück wahr werden.

Kamel

Dem Leben in der Wüste ist das Kamel hervorragend angepasst. Mit seinen breiten Hufen kann es über den lockeren Sand gehen, ohne einzusinken. In seinen Höckern speichert es Fett und in seinem Magen Wasser. Während eines Sandsturmes kann es seine Nasenlöcher schließen und seine Augen sind durch dichte Wimpern geschützt. Außerdem hält es sowohl große Hitze als auch die nächtliche Kälte aus.

Vorderasien

Zu Vorderasien gehören die Landesteile der Türkei auf asiatischem Boden. Daran grenzen im Osten die Länder Georgien, Aserbaidschan und Armenien. Als Naher Osten bezeichnet man die Länder, die in Vorderasien zwischen der östlichen Mittelmeerküste und dem indischen Subkontinent liegen. Dazu gehören Syrien, der Libanon, Israel mit den Palästinensergebieten, Jordanien, Saudi-Arabien, Jemen, Oman, Kuwait, die Vereinigten Arabischen Emirate, Katar, Bahrain, der Irak und der Iran. Aufgrund des heißtrockenen Klimas bestehen weite Gebiete in Syrien, Jordanien, Israel und der Arabischen Halbinsel aus Wüste und Halbwüste. In manchen dieser Regionen regnet es mitunter zehn Jahre lang nicht. Doch auch die Wüste birgt Leben. Schon geringe Niederschläge lassen Blumen sprießen und Sträucher blühen.

Auch Menschen leben hier. Die Beduinen ziehen mit ihren Kamelen durch die Wüste, von Wasserstelle zu Wasserstelle, leben in Zelten und wissen das karge Land zu nutzen. Fruchtbarer Boden ist rar. An der dicht bevölkerten Mittelmeerküste sowie in den Hochländern des Nordiran und Jemen gibt es einen schmalen, fruchtbaren Landstreifen. Am fruchtbarsten aber ist das Land im Stromgebiet der Flüsse Euphrat und Tigris. Dort in den Flussoasen Mesopotamiens, im Zweistromland, ist das Land dicht besiedelt.

Im Laufe der Zeit hat die Bevölkerung gelernt, die begrenzten Wasserreserven optimal zu nutzen. An den Küsten des Persischen Golfs wurden Anlagen gebaut, die das Meerwasser entsalzen und zu Süßwasser wandeln. In den Staaten am Persisch-Arabischen Golf befinden sich die Hälfte aller Erdöl- und Erdgasvorkommen der Welt, was einigen Ländern zu beträchtlichem Reichtum verholfen hat.

DATTELPALME

Die bis zu 20 Meter hohe Dattelpalme ist die typische Pflanze der Oasen, denn durch ihre tiefen Wurzeln kann sie auch in der Wüste gedeihen. Sie ist im arabischen Raum eine wichtige Nutzpflanze.

KLAGEMAUER

Die Klagemauer in Jerusalem gilt als das größte Heiligtum der Juden. Sie blieb erhalten, als die Römer im Jahr 70 nach Christus den jüdischen Tempel in Jerusalem zerstörten.

Südasien

TRADITIONELLE KLEIDUNG

Ein langes Baumwollhemd, weite Pluderhosen, meist durch einen Turban oder Kopftuch ergänzt – das ist die klassische pakistanische Kleidung. Das traditionelle, kunstvoll um den Körper gewickelte Gewand der Inderin heißt Sari.

SCHLANGENBESCHWÖRER

Ein Schlangenbeschwörer fordert das Reptil durch seine Bewegungen zum „Tanz“ heraus. Die Schlange wechselt ständig zwischen Angriffs- und Abwehrhaltung. So kann sie in einen Zustand der Reizermüdung geraten. Dann lässt sie sich von einem Fachmann ohne größere Gefahr berühren.

SCHNEELEOPARD

Die Bergregionen des Himalaya, in der diese Großkatze zu finden ist, liegen weit entfernt von Straßen und Dörfern – in einer Höhe von bis zu 5 000 Metern. Mit seinem langen, dichten Fell und den verbreiterten Pfoten hat sich der scheue Jäger seiner rauen Umgebung perfekt angepasst.

Eine Halbinsel in Südasien bildet den indischen Subkontinent. Durch Meere und Gebirge klar umgrenzt, gleicht der Subkontinent in seinen Umrissen einem stumpfen Keil, der weit in den Indischen Ozean vorstößt. Das Arabische Meer und der Golf von Bengalen sind die Meeresgrenzen, während der Himalaya im Norden sowie die iranisch-afghanischen Grenzgebirge und die Randketten von Myanmar den festländischen Rahmen abstecken.

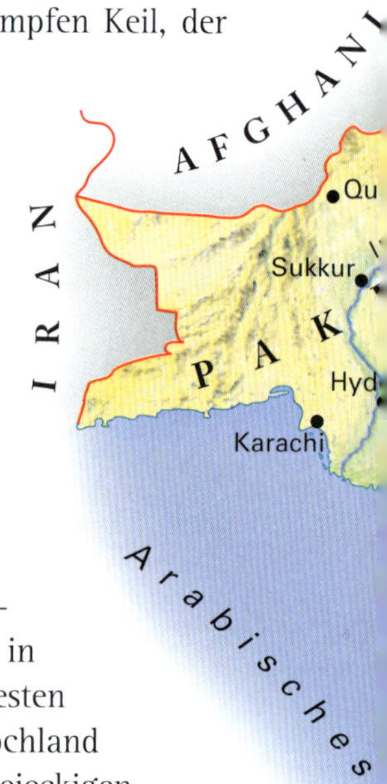

Indien

Der höchste Berg Indiens, der Kangchenjunga, liegt im Himalaya und ist 8 586 Meter hoch. Die Gebirge des Himalaya fallen nach Süden zu einer fruchtbaren Schwemmlandebene ab, die das Land in einem breiten Band von Osten nach Westen durchzieht. Weiter im Süden formt das Hochland von Dekkan einen hoch gelegenen, dreieckigen Landkeil zwischen zwei Gebirgszügen mit den Namen Westghats und Ostghats. Die sommerlichen Monsunwinde sind für den größten Teil Indiens außerordentlich wichtig: Sie bringen dem für den Rest des Jahres trockenen Land starke Regenfälle.

Das Kulturland Indien zählt zu den ältesten der Welt. Viele Jahrtausende haben gerade in der eindrucksvollen Architektur ihre Spuren hinterlassen und dem Vielvölkerstaat Denkmäler, Tempel, Moscheen, Maharaja-Paläste und Höhlenklöster beschert. Der sagenumwobene Reichtum der indischen Fürsten, die wundervollen Paläste und die Erzählungen aus 1 001 Nacht lassen für viele von uns Indien als märchenhaftes Land erscheinen. Doch es gibt auch viel Armut, Kinderarbeit und Spannungen zwischen den Religionsgruppen.

DER YAK

Der Yak gehört zu den wenigen Wildtieren, die in den großen Höhen des Himalayagebirges leben können.

INDISCHER ELEFANT

Im Unterschied zu seinem afrikanischen Verwandten hat der indische Elefant zwei kräftige Stirnhöcker, nur einen Greiffinger an der Rüsselspitze und wesentlich kleinere Ohren. Die Menschen in seiner Heimat benutzen ihn als Arbeitstier. Mit den Stoßzähnen und seinem Rüssel muss er mitunter schwere Lasten bewegen.

TADSCH MAHAL IN INDIEN

Schah Dschahan ließ seiner Frau im 17. Jahrhundert dieses Denkmal in Agra als Grabstätte bauen. 20000 Arbeiter waren rund 22 Jahre damit beschäftigt, den Bau zu vollenden.

Südostasien

INDONESISCHE TÄNZERIN

Auf den indonesischen Inseln Java und Bali hat sich über Jahrtausende eine hohe Tanzkunst entwickelt. Die Tanzformen zeichnen sich durch viele Gesten aus. Dabei hat jede einzelne Fingerhaltung und Beinstellung einen festgelegten Sinn.

ROSA PELIKAN

Das Merkmal dieser Pelikanart ist das leuchtende rosa Gefieder. Der Rosa Pelikan ist zwar in Osteuropa beheimatet, fliegt aber zum Überwintern bis nach Südostasien.

KÖNIGSPALAST IN BANGKOK

Der Königspalast von Bangkok steht in einer riesigen, prachtvollen Gartenanlage. Goldverzierte Türme schmücken die zahlreichen Tempel. Der Tempel des Smaragdbuddhas gilt als wichtigster Tempel in Thailand.

Zu Südostasien gehören die Staaten Myanmar, Thailand, Laos, Vietnam, Kambodscha, Malaysia, Singapur, Brunei, Indonesien, Ost-Timor und die Philippinen. Viele dieser Länder waren in früheren Jahren europäische Kolonien. Heute sind sie allerdings unabhängig und Mitgliedsländer der Vereinten Nationen (UNO), die als überstaatliche Organisation den Erhalt des Weltfriedens und die internationale Zusammenarbeit fördert.

Vorherrschend in dieser Region der Erde ist ein tropisches Klima. Daher sind weite Teile der Länder mit dichten Regenwäldern bedeckt. Auf vielen Inseln werden Reis, Maniok, Sojabohnen, Zuckerrohr, Gewürze, Kaffee und Tee angebaut. In Flusstälern oder in Küstennähe leben die Menschen auch vom Fischfang. Viele Inseln sind gebirgig und von zum Teil aktiven Vulkanen geprägt.

Südostasien birgt auch eine Fülle von Rohstoffen und Bodenschätzen. So ist Malaysia der größte Zinnproduzent der Welt. Myanmar, das frühere Birma, exportiert die meisten Rubine. Und der kleine Staat Brunei zählt dank seiner ergiebigen Erdölquellen zu den reichsten Ländern der Erde.

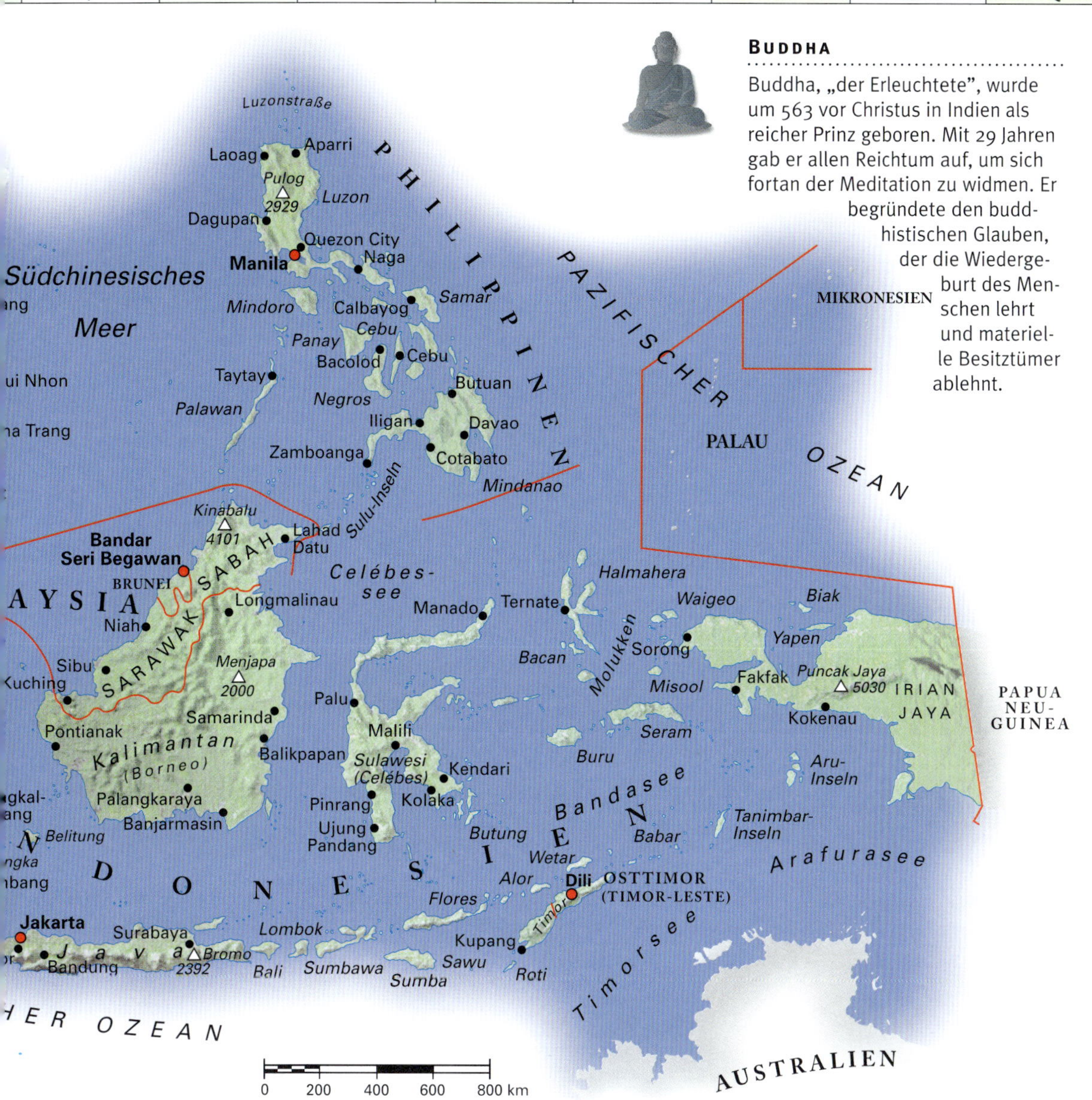

Buddha

Buddha, „der Erleuchtete", wurde um 563 vor Christus in Indien als reicher Prinz geboren. Mit 29 Jahren gab er allen Reichtum auf, um sich fortan der Meditation zu widmen. Er begründete den buddhistischen Glauben, der die Wiedergeburt des Menschen lehrt und materielle Besitztümer ablehnt.

Reisfeld

Reis ist in den Ländern Südostasiens Hauptnahrungsmittel. Entsprechend wird ein großer Prozentsatz der gesamten landwirtschaftlichen Nutzflächen für den Reisanbau genutzt. Die Arbeit auf den bewässerten Feldern in den Ebenen und auf den Terrassenhängen ist mühsam und arbeitsintensiv.

Schwimmende Märkte

Auf den zahlreichen Wasserkanälen, die durch die thailändische Hauptstadt Bangkok führen, befinden sich die schwimmenden Märkte. Die Händler bieten von schmalen, langen Booten aus Gemüse, Obst, Gewürze, Fisch oder Getränke feil.

Konfuzius

Konfuzius lebte etwa von 550 bis 479 vor Christus und gilt als der bedeutendste chinesische Gelehrte. Als Wanderphilosoph verbreitete er seine Lehren im ganzen Land und war Ratgeber an großen Fürstenhöfen. Als höchste Ziele lehrte er sittliche Vollkommenheit, Menschlichkeit und Nächstenliebe.

Lama

„Lama" bedeutet auf Tibetisch „der Obere" und bezeichnet einen tibetischen Priester oder Mönch. Er lebt nach der tibetischen Form des Buddhismus – dem Lamaismus. Religiöses Oberhaupt des Lamaismus ist der Dalai Lama.

Drachen

Im ganzen asiatischen Kulturkreis und besonders in China wird der Drache als heiliges Tier und Glücksbringer verehrt. Als Wappentier des Kaisers galt er schon früh als Symbol von Stärke und Macht.

Chinesische Mauer

Sie gilt als Wunderwerk der chinesischen Zivilisation. Das größte Bauwerk der Erde verläuft über 6400 Kilometer quer durch Nordchina.

China und seine Nachbarn

China

Die Volksrepublik China ist ein Land von kontinentaler Größe mit mehr als einer Milliarde Einwohnern. Sie ist mehr als vierzigmal so groß wie Deutschland. China ist eines der ältesten und glanzvollsten Kulturländer der Welt. Neben Porzellan, Schießpulver und Papier hat auch die Seidenraupenzucht dort ihren Ursprung. Sie geht auf das 3. Jahrhundert vor Christus zurück und gelangte über die sagenumwobene Seidenstraße bis nach Europa.

Zu den beeindruckendsten Landschaften Chinas gehören der Himalaya und das Hochland von Tibet im Südwesten. Das Hochland von Tibet in Südwestchina, das so genannte „Dach der Welt", wurde im Jahr 1950 von China annektiert. Es ist mit durchschnittlich 4 000 bis 5 000 Höhenmetern das höchst gelegene Plateau der Erde. Im Süden wird das tibetische Hochland von den Gipfeln des Himalaya gekrönt. Im Himalaya liegt der höchste Berg der Erde, der Mount Everest (8 850 Meter). Auch der dritt-tiefste Punkt der Erde, die Turfansenke (154 Meter unter dem Meeresspiegel), liegt in China.

Peking, die Hauptstadt Chinas, trug im Laufe der wechselvollen Geschichte unterschiedliche Namen und heißt heute offiziell Beijing – „nördliche Hauptstadt". Von hier aus herrschten die Kaiser zahlreicher Dynastien. Ihren Sitz hatten sie in der „Verbotenen Stadt" – einer riesigen Palastanlage mit rund 9 000 Räumen. Ein weiteres geschichtsträchtiges Bauwerk im kargen Norden des Landes ist das riesige Grabwächterheer des chinesischen Kaisers Shihuang in Xi'an. Es besteht aus mehr als 7 000 überlebensgroßen Terrakotta-Soldaten und gut 500 tönernen Schlachtrössern.

Mongolei

Nördlich der Volksrepublik, hinter der Großen Chinesischen Mauer, liegt die Republik der Mongolei. Kennzeichnend sind die weiten Steppen und Wüsten, wo einst der legendäre Dschingis Khan, der Begründer des mongolischen Weltreiches, zahlreiche fremde Stämme unterwarf. Die Mongolen leben heute größtenteils von der Viehzucht.

PANDABÄR

Der Pandabär ernährt sich vor allem von Bambus. Ausgewachsen frisst er bis zu 40 Kilogramm Bambus am Tag. Mit einer Art Daumen an den Vorderbeinen pflückt er den Stamm, die Schösslinge und die Wurzeln.

Korea und Taiwan

Auf der koreanischen Halbinsel, zwischen dem Gelben Meer und dem Japanischen Meer, liegen die "Demokratische Volksrepublik" Korea im nördlichen Teil und die Republik Korea im südlichen. Hauptstadt Nordkoreas ist Pjöngjang; Hauptstadt Südkoreas ist Seoul. Korea ist seit 1945 in zwei Staaten geteilt. Heute streben beide Staaten die Wiedervereinigung an. Besonders in Südkorea bildet neben der Landwirtschaft die Fischerei einen wichtigen Erwerbszweig.

Vor der Südostküste des chinesischen Festlandes liegt die Insel Taiwan mit ihrer Hauptstadt Taipeh. International wird die Inselrepublik allerdings nur von gegenwärtig ca. 20 Staaten anerkannt.

LANDWIRTSCHAFT UND FISCHFANG

In China steht seit jeher die Bewirtschaftung und Bewässerung der ausgedehnten Reisfelder im Vordergrund. Da aber insgesamt nur ein kleiner Teil des riesigen Landes zum Ackerbau geeignet ist, sind die Menschen vor allem in den südlichen Küstenregionen auch auf reichen Fischfang angewiesen.

Japan

Samurai

Im mittelalterlichen Japan war der Samurai ein adliger Ritter der japanischen Kriegerkaste. Er galt nicht nur als hervorragender Bogenschütze, sondern beherrschte auch den meisterlichen Umgang mit Speer und scharfem Schwert.

Koreanische Musik

Die traditionelle koreanische Musik hat trotz der Einflüsse aus benachbarten Ländern einzigartige Merkmale. Die klassischen koreanischen Instrumente sind ausschließlich aus Naturmaterialien gefertigt: die Blasinstrumente sind aus Holz hergestellt und die Streichinstrumente mit Seide bespannt. Warme und sanfte Töne sowie ein ruhiger und meditativer Rhythmus bestimmen die koreanische Musik.

Kirschblüte

Die Kirsche ist die Nationalpflanze Japans und wird seit rund einem Jahrtausend als Inbegriff der Schönheit und des Lebens verehrt. Die Kirschblütenzeit feiern die Menschen im ganzen Land mit rauschenden Festen und Picknicks im Park.

Das Kaiserreich in Ostasien nennt sich selbst Nippon, „Land, in dem die Sonne ihre Wurzeln hat". Es umfasst mehrere tausend kleine und winzige Inseln. Die großen Hauptinseln sind Hokkaido, Honshu, Shikoku und Kyushu. Die Inseln sind die Bergspitzen mehrerer Gebirgszüge, die aus vielen tausend Metern Tiefe vom Meeresgrund aufragen und in den zentraljapanischen Alpen westlich von Tokio, der Hauptstadt Japans, die höchste Erhebung erreichen. In Mittel- und Nordjapan gibt es rund 580 Berge und Vulkane, die über 2 000 Meter hoch sind. Der legendäre Fudschijama, auch Fujisan genannt, ragt 3 776 Meter hoch in den Himmel.

Japan ist das erdbebenreichste Land der Erde. Im Jahresdurchschnitt werden rund 7 500 Beben und leichtere Erdstöße registriert. Allein in der Region Tokio treten jährlich bis zu fünfzig spürbare Beben auf. Schwere Beben mit zerstörerischen Folgen ereignen sich im Durchschnitt alle zwei Jahre irgendwo im Land. Liegt das Zentrum eines Bebens auf dem Meeresgrund, kommt es nicht selten zu einer riesigen Flutwelle („Tsunami"), die über die Küsten hereinbricht und weite Landstriche zerstört, wie zuletzt 2011 mit der anschließenden Atomreaktorkatastrophe in Fukushima.

Japan ist ein Land zwischen Fortschritt und Tradition, ein Land der Extreme und Widersprüche. Das moderne Leben geht Hand in Hand mit unverändert traditionellen Werten. Dazu gehören der hohe Stellenwert von Familie und sozialer Bindung. Das traditionelle Japan pflegt eine schlichte Architektur. Die einfachen Holzhäuser auf dem Land sind in der Regel mit Papierschiebetüren und Reisstrohmatten auf den Böden ausgestattet. Und selbst in den nüchternen Apartments der neueren Betonhochhäuser in den Städten ist ein klassisches japanisches Zimmer für die traditionelle Teezeremonie eingerichtet.

Fudschijama

Der Fudschijama ist Japans höchster Berg. Sein schneebedeckter Kegel ist bei gutem Wetter sogar von Tokio aus zu sehen. Für die Japaner ist er heilig und wird als Naturgott verehrt.

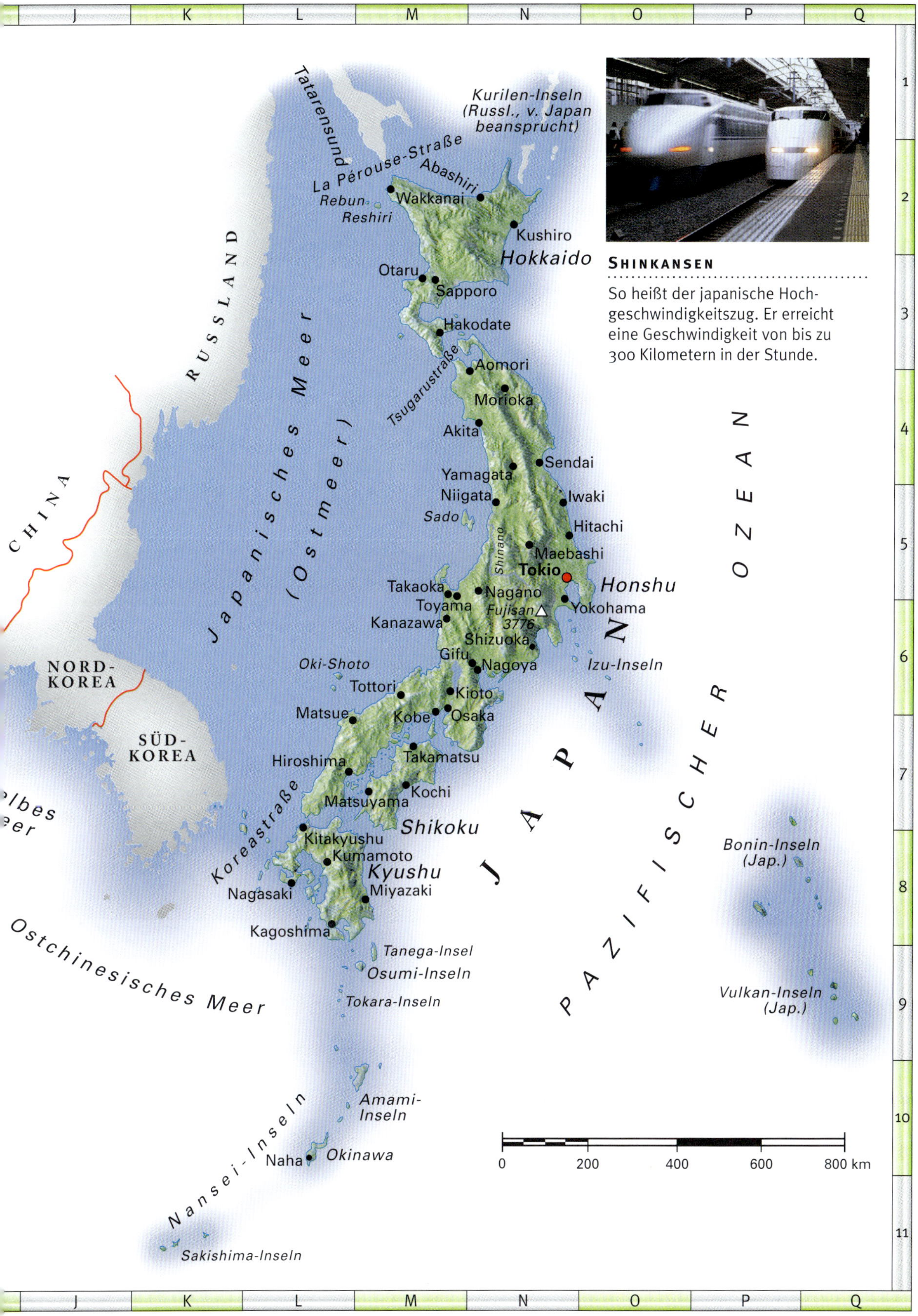

SHINKANSEN

So heißt der japanische Hochgeschwindigkeitszug. Er erreicht eine Geschwindigkeit von bis zu 300 Kilometern in der Stunde.

Die Kontinente:

Afrika

Afrika ist der zweitgrößte Kontinent der Erde. Er nimmt etwa 20 Prozent der Landmasse der Erde ein und erstreckt sich von Nord nach Süd über 8 000 Kilometer, von West nach Ost über 7 600 Kilometer. Afrika wird im Norden vom Mittelmeer, im Westen vom Atlantik und im Osten vom Indischen Ozean eingerahmt. Die größten Flüsse Afrikas sind der Nil, der Kongo, der Niger und der Sambesi.

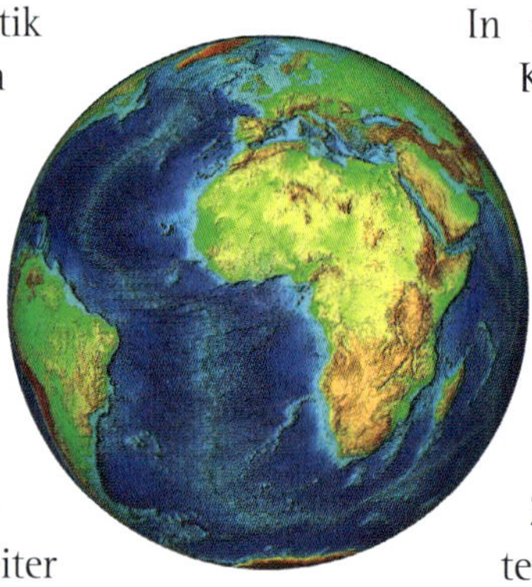

Quer durch die Nordhälfte Afrikas, vom Atlantischen Ozean bis zum Roten Meer, zieht sich die Sahara, die größte Wüste der Erde. Ihre Größe verändert sich ständig, weil sie sich immer weiter Richtung Süden ausbreitet.

Der Osten des Kontinents ist durch das Ostafrikanische Grabensystem geprägt. Gewaltige Erdbewegungen verursachten einen riesigen Riss in der Erdkruste und in der Folge bildeten sich hohe Vulkangipfel aus. Die beiden höchsten Berge Afrikas, der Kilimandscharo in Tansania (5 895 Meter) und der Kenia (5 194 Meter) sind Vulkane.

In der Region um die Vulkangipfel liegen zahlreiche Seen, darunter der Victoriasee, der größte See Afrikas, der an Kenia, Uganda und Tansania grenzt.

Mitten durch Afrika verläuft der Äquator. In dieser Zone herrscht tropisches Klima. Das bedeutet, dass es das ganze Jahr über gleichmäßig heiß ist und sich Regen- und Trockenperioden regelmäßig abwechseln. Daher befindet sich zu beiden Seiten des Äquators ein dichter, immergrüner Regenwald. Zahlreiche Affenarten, darunter Menschenaffen, seltene Vögel und Baumschlangen, sind im dichten Pflanzendschungel zu Hause.

Südlich des Äquators schließt sich die Savanne an. In der offenen Savanne leben Nashörner, Elefanten, Zebras oder Giraffen, aber auch Raubtiere wie Löwen oder Leoparden. Das muldenförmige Hochland weiter südlich ist begrenzt von der Kalahari-Wüste im Norden und Randgebirgen im Süden. Das Klima ist vorwiegend subtropisch. Auf riesigen Plantagen gedeihen Baumwolle, Tabak, Obst und Zuckerrohr.

Afrika birgt reiche Bodenschätze. Besonders der Süden spielt in der Produktion von Gold und Diamanten eine weltweit wichtige Rolle.

J
K
L
M
N
O
P
Q
1
2
3
4
5
6
7
8
9
10
11
EUROPA
ASIEN
MITTELMEER
Rotes Meer
Golf von Aden
Golf von Guinea
ATLANTISCHER OZEAN
INDISCHER OZEAN
Straße von Mosambik
Madeira (Port.)
Kanarische Inseln (Span.)
Ascension (G.-B.)
St. Helena (G.-B.)
MAROKKO
Rabat
ALGERIEN
Algier
TUNESIEN
Tunis
LIBYEN
Tripolis
ÄGYPTEN
Kairo
WESTSAHARA (von Marokko besetzt)
MAURETANIEN
Nouakchott
MALI
Bamako
NIGER
Niamey
TSCHAD
N'Djamena
SUDAN
Khartum
ERITREA
Asmara
DSCHIBUTI
Dschibuti
SENEGAL
Dakar
GAMBIA
Bissau
GUINEA
SIERRA LEONE
Monrovia
LIBERIA
BURKINA FASO
Ouagadougou
ELFENBEINKÜSTE
Yamoussoukro
GHANA
Accra
TOGO
Lomé
BENIN
Porto Novo
Cotonou
NIGERIA
Abuja
KAMERUN
Jaunde
Malabo
ÄQUATORIAL-GUINEA
SÃO TOMÉ U. PRINCIPE
São Tomé
GABUN
Libreville
KONGO
Brazzaville
ZENTRAL-AFRIKANISCHE REPUBLIK
Bangui
SÜD-SUDAN
Juba
ÄTHIOPIEN
Addis Abeba
SOMALIA
Mogadischu
UGANDA
Kampala
KENIA
Nairobi
DEM. REP. KONGO
Kinshasa
RUANDA
Kigali
BURUNDI
Bujumbura
TANSANIA
Dodoma
CABINDA (ANG.)
ANGOLA
Luanda
SAMBIA
Lusaka
MALAWI
Lilongwe
MOSAMBIK
Maputo
SIMBABWE
Harare
NAMIBIA
Windhoek
BOTSWANA
Gaborone
SÜDAFRIKA
Pretoria (Tshwane)
SWASILAND
Mbabane
LESOTHO
Maseru
MADAGASKAR
Antananarivo
KOMOREN
Moroni
Mayotte (Fr.)
SEYCHELLEN
Victoria
MAURITIUS
Port Louis
Réunion (Fr.)
0
400
800 km

Tuareg

Die Tuareg, ein altes Berbervolk, leben in der Sahara und in der Sahelzone. Sie waren ursprünglich Krieger, die als Nomadenvolk mit Kamelen durch die Wüste zogen. Heute leben sie hauptsächlich von der Zucht von Kamelen, Schafen und Ziegen. Bei den Tuareg herrscht Mutterrecht, das heißt die Frauen nehmen in der Stammesgesellschaft die höhere Stellung ein. Die typische Männerkleidung besteht aus dunkelblauem Tuch, Turban und Mundschleier.

Flusspferd

Das Flusspferd lebt am Nigerdelta im westafrikanischen Nigeria. Es wird bis 4,50 Meter lang und bis zu 20 Zentner schwer. Ohren und Nase kann es verschließen und so im flachen Wasser oder Sumpf untertauchen. Zum Schutz vor Sonnenbrand sondert die dicke, glatte und fast haarlose Haut einen Schleim ab.

Pyramiden von Gise

Die Pharaonen ließen für sich und ihre Familien Pyramiden als Grabkammern errichten. Die Pyramiden von Gise sind die berühmtesten der Welt und zählen zu den sieben Weltwundern der Antike. Bis heute weiß man nicht, wie die Bauarbeiten vonstatten gingen, die um 2900 vor Christus begonnen wurden. Mehr als 100 000 Mann waren allein 20 Jahre lang mit dem Bau der großen Cheops-Pyramide beschäftigt. Als Wächterin der Grabmäler war wohl die Sphinx, eine riesige Steinfigur mit dem Körper eines Löwen und dem Kopf eines Pharaos, gedacht.

Nordafrika

Die Länder Nordafrikas grenzen unmittelbar an das südliche Mittelmeer. Dazu gehören Mauretanien, Westsahara, Marokko, Algerien, Tunesien, Libyen und Ägypten. Kulturell zählen sie zum Orient, zu dem auch der Nahe Osten gehört. Araber und Berber stellen hier den Großteil der Bevölkerung. Im mediterranen Klima gedeihen Palmen und Südfrüchte wie Zitronen oder Feigen.

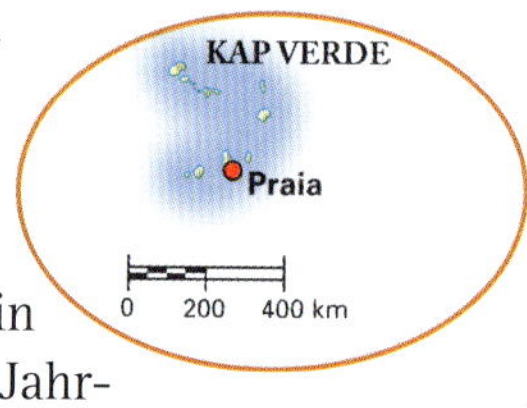

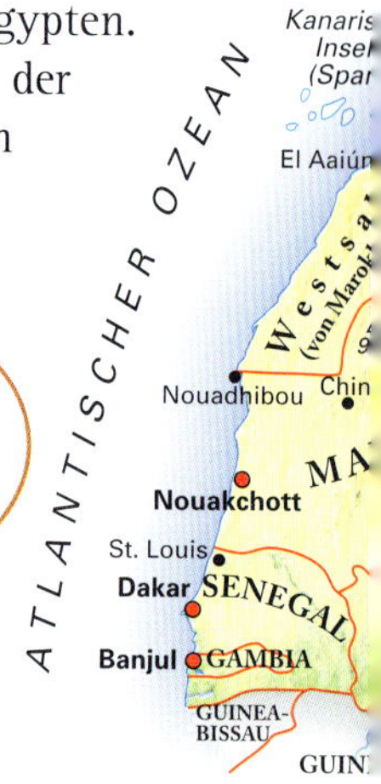

Ägypten

Ägypten, so heißt es, ist ein Geschenk des Nils. Seit Jahrtausenden transportiert der Strom seinen fruchtbaren Schlamm in ein schmales Tal, das sich in die umgebende Wüste einschneidet wie ein blaugrünes Schwert. Aus dem Weltraum betrachtet besteht Ägypten aus einer Reihe nord-südwärts verlaufender Streifen. Östlich an Libyen anschließend bedeckt die westliche Wüste zwei Drittel Gesamtägyptens. Nach Osten wird die Wüste durch das Niltal begrenzt, einem durchgängig fruchtbaren Landstreifen von nur 8 bis 16 Kilometern Breite. In diesem schmalen Streifen leben 99 Prozent der ägyptischen Bevölkerung.

Nordwärts breitet sich das Nildelta von Kairo bis zur Mündung mit den Küstenstädten Alexandria im Westen und Port Said im Osten aus. Zwischen Nil und Rotem Meer liegt die Arabische Wüste. Die ägyptische Küste entlang des Roten Meeres verläuft vom Golf von Suez bis an die sudanesische Grenze. Die mineralreichen rötlichen Gebirgszüge verleiteten die Seefahrer der Antike dazu, das Meer „mare rostrum" zu nennen, oder Rotes Meer. Kairo ist Ägyptens Hauptstadt und mit 16 Millionen Einwohnern die

STRAUSS

Der Strauß lebt in den Wüsten und Steppen Afrikas. Er wird bis zu 2,75 Meter hoch und ist der größte aller Vögel. Seine Flügel sind stark zurückgebildet, so dass er nicht fliegen kann. Mit seinen langen Beinen kann er aber bis zu vier Meter lange Schritte machen.

größte Stadt der arabischen Welt. Kairo ist aber auch eine uralte islamische Stadt mit unzähligen Moscheen. Ihre heutige Bezeichnung Al-Kahira – „die Siegreiche" trägt sie seit 969. In Kairo lohnt der Besuch des Ägyptischen Museums. Hier findet man in einer reichhaltigen Sammlung die größten Kostbarkeiten der alten Ägypter. Die jahrtausendealte ägyptische Kultur hat eine Vielzahl von Zeugnissen hinterlassen, die zu den beeindruckendsten und ältesten der Menschheitsgeschichte gehören.

An die Pyramiden von Gise denken viele als erstes, wenn sie Ägypten hören. Die Bauwerke stehen etwa zehn Kilometer südwestlich von Kairo in der Libyschen Wüste. Die größte wird Pharao Cheops zugeschrieben und soll um 2690 vor Christus gebaut worden sein. Die zweite soll Pharao Chefren um 2650 vor Christus in Auftrag gegeben haben. Die kleinste soll um 2600 vor Christus von Pharao Mykerinos erbaut worden sein. Rund fünf Kilometer vom westlichen Ufer des Nil entfernt befindet sich das Tal der Könige. Hier fand man an die 70 Gräber. Besonders beeindruckend sind das Grab des Tut-anch-Amun und der Sternenhimmel im Ramses-Grab.

RALLYE PARIS-DAKAR

Von 1978-2008 lieferten sich alljährlich mehrere hundert Fahrer auf Motorrädern, mit Allrad-Trucks und Rallye-Autos in kräftezehrenden Tagesetappen ein spannendes Rennen. Die Rallye dauerte 17 Tage und führte von Paris aus über insgesamt 6500 Meilen durch den heißen Sand der Sahara bis zum Zielort Dakar im Senegal.

WARZENSCHWEIN

Beheimatet ist das Warzenschwein in den Steppen und Savannen südlich der Sahara. Es lebt in Erdhöhlen. Sein besonderes Merkmal sind drei Warzenpaare, zwei in Augenhöhe und eines am Unterkiefer.

Afrikanischer Tanz

Der afrikanische Tanz gehört zu den ursprünglichsten Formen des Tanzes. Die kraftvollen, rhythmischen Bewegungen sind meist mit Geschichten verbunden. Sie erzählen vom alltäglichen Leben, drücken Ängste und Sorgen aus, aber auch Lebensfreude und Hoffnung. Der traditionelle Tanz steht immer auch in Beziehung mit der Natur. So gibt es den „Tanz um Regen“, den „Tanz der Ernte“, den „Tanz der Sonne“ und viele andere mehr.

Löwe

Die Steppen und Savannen Afrikas sind der Lebensraum des Löwen. Als einzige jagende Großkatze lebt der „König der Tiere“ im Rudel, dem Familienverband aus augewachsenen und jungen Tieren. Jedes Rudel wird von einem Löwenmännchen angeführt.

Massai

Das nomadisches Hirtenvolk der Massai lebt in Kenia und Tansania. Mit großem Stolz halten die meisten Massai noch immer an ihrer traditionellen Lebensform fest.

Zentralafrika

Zu Zentralafrika zählen alle Länder um die Äquatorzone, die das Herzstück des Schwarzen Kontinents, auch Schwarzafrika genannt, bilden: Somalia, Kenia, Uganda, der Kongo, die Demokratische Republik Kongo, die Zentralafrikanische Republik, Kamerun, Guinea, Gabun, Ruanda, Burundi, Tansania, der Südsudan, Elfenbeinküste (Côte d'Ivoire), Sierra Leone, Liberia, Guinea-Bissau, Ghana, Togo, Benin und Nigeria. Die Bewohner dieser Region haben eine sehr dunkle Hautfarbe und sind meist in Stammesgesellschaften organisiert. Sie leben naturverbunden, betreiben einfachen Hackbau und üben verschiedene Naturreligionen aus.

Kamerun

„Ganz Afrika in einem Dreieck“ – mit diesem Slogan wirbt das Land für Urlauber, denn das Land spiegelt die ganze Vielfalt des afrikanischen Kontinents wider. So unterschiedlich wie seine Bewohner ist auch das Land selbst. Kamerun liegt in Zentralafrika nahe am Äquator und erstreckt sich über 1 200 Kilometer nordwärts bis in die Sahelzone. Rund 200 Stämme mit insgesamt über 120 Sprachen leben hier. Deshalb gibt es in den einzelnen Gebieten auch recht unterschiedliche Bräuche und Kunstformen. Neben den Bantustämmen zählt die kleine Volksgruppe der Pygmäen zu den ältesten Bewohnern. Ihre Lebensform als Jäger und Sammler hat sich über die Jahrtausende bis heute kaum verändert.

Die Fülle an Klima- und Vegetationszonen reicht vom tropischen Regenwald im Süden bis in die Trockensavanne südlich des Tschadsees. Der Name Kamerun ist abgeleitet vom Fluss Kamerun, den die Portugiesen im 15. Jahrhundert als Rio dos Cameros, Fluss der Krabben, bezeichneten. Die flachen Plateaus im Landesinneren steigen nach Norden zum Adamaoua-Hochland hin an und fallen zum Tschadsee hin wieder ab. Im Westen erheben sich vulkanische Gebirge, die in Küstennähe vom Kamerunberg (4 100 Meter) überragt werden, der gleichzeitig ein aktiver Vulkan ist. Die Plateaus im Süden des Landes sind mit Regenwald bedeckt und flachen zur Küste hin ab. Die Hauptstadt Kameruns ist Yaoundé. Die größte Stadt ist Douala an der Südwestküste. Mit dem größten Überseehafen des Landes spielt die Stadt eine bedeutende wirtschaftliche Rolle.

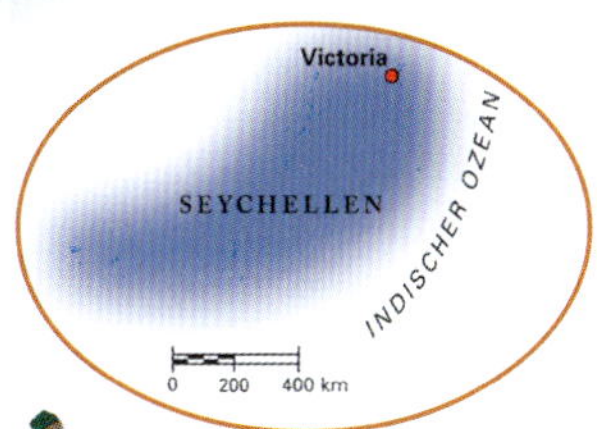

Afrikanischer Elefant

Der Afrikanische Elefant ist das größte Landsäugetier der Erde. Er kann über drei Meter hoch und bis zu vier Tonnen schwer werden. Die Stoßzähne liefern das begehrte Elfenbein, weswegen die Tiere gejagt werden und mancherorts gar ausgerottet sind. Die mächtigen Ohren dienen den grauen Riesen nicht nur als Hörorgane, sondern sind zusätzlich eine Art Klimaanlage der Elefanten. Sie fächeln bei Hitze damit und können so die Körperwärme regulieren. Elefanten leben in kleinen, friedlichen Herden und sind bis zu 16 Stunden am Tag mit der Nahrungsaufnahme beschäftigt.

Landwirtschaft

Die Landwirtschaft in Afrika ist den regionalen geografischen und klimatischen Bedingungen angepasst. Die Bewohner der Savannen beispielsweise betreiben vorwiegend Hackbau, denn die Tsetsefliege macht als Überträger der Schlafkrankheit die Viehhaltung unmöglich. Mit einer kurzen Hacke wird der Boden gelockert, dann werden Mais, Bohnen und Hirse ausgesät. Nach der Regenzeit werden Kartoffeln, Batate und Yams angebaut. Da der Boden bald erschöpft ist, betreiben die Bewohner Wanderhackbau, das heißt sie ziehen weiter und suchen neue Anbauflächen.

Bevölkerungswachstum

In Afrika leben heute über 800 Millionen Menschen. Bis zum Ende des 21. Jahrhunderts werden es voraussichtlich zwei Milliarden sein. Denn Kinderreichtum wird vielerorts als Versicherung für das Alter gesehen. Dazu kommt, dass den meisten Afrikanern eine kontrollierte Familienplanung fremd ist. Eine dauerhafte Nahrungssicherheit, ein umweltverträgliches Wirtschaftswachstum und Aufklärungsarbeit über die Zusammenhänge von Mensch und Umwelt könnten helfen, das enorme Bevölkerungswachstum zu stoppen.

Der Süden Afrikas

Zulu

Das Volk der Zulu stellt mit rund zehn Millionen Angehörigen mehr als 20 Prozent der Einwohner der Republik Südafrika. Mit einem König an ihrer Spitze spielen sie auch in der Politik eine einflussreiche Rolle. In abgeschiedenen Gegenden leben sie bis heute nach alter Tradition in Krals. Oberhaupt der Klans ist ein Stammeshäuptling. Ihre Hütten bauen sie aus Naturmaterialien, aus Zweigen, Gras und Lehm. Sie verfügen auch über eine eigene Sprache.

Zebra

Zebraherden werden von einem Leithengst angeführt. Sie halten sich meist in unmittelbarer Nähe von Gnu- oder Antilopenherden auf. Gemeinsam passen sie auf, dass sich kein räuberischer Feind anpirscht. Droht Gefahr, warnen sich die Tiere gegenseitig und flüchten.

Tafelberg

Der beinahe 1 100 Meter hohe Tafelberg bei Kapstadt wurde 1998 zum Nationalpark erklärt.

Nashorn

Dem Nashorn dienen zwei spitze Nasenhörner zur Verteidigung. Sie sind bis zu einem Meter lang und wachsen lebenslang.

Südafrika

Die Republik Südafrika liegt an der Südspitze des afrikanischen Kontinents und nimmt eine Fläche von mehr als einer Million Quadratkilometern ein. Der Staat grenzt an Namibia, Botswana, Simbabwe und Mosambik und umschließt die beiden Königreiche Lesotho und Swasiland im Inneren des Landes. Die Einwohner Südafrikas bilden ein buntes Völkergemisch. Den größten Anteil an der Bevölkerung stellen die dunkelhäutigen Einwohner. Amtssprachen sind neben neun anderen Englisch und Afrikaans, eine Sprache, die sich vor allem aus den niederländischen Mundarten der Buren entwickelt hat. Diese besiedelten das Land ab dem 15. Jahrhundert und nahmen es in Besitz. Die Politik der „Apartheid", der Rassentrennung, fand 1994 ein Ende, als Nelson Mandela als erster demokratischer Präsident vereidigt wurde.

Landschaftlich hat Südafrika viel zu bieten: Wildreservate, einsame Strände, glühende Wüsten, endlose Trockensavannen, sanft hügelige Mittelgebirge mit fruchtbaren Tälern und bizarre Hochgebirge mit schneebedeckten Gipfeln. Der Krüger-Nationalpark in den nördlichen Hochebenen ist weltberühmt. An der westlichen Küste, wo der Atlantik an die Ufer brandet, herrscht raues Klima, im Osten, im Einflussgebiet des Indischen Ozeans, ist es mild und mediterran, und im Nordwesten, in der Kalahari, schließlich tropisch heiß.

Neben Pretoria, der Hauptstadt Südafrikas, ist Kapstadt die wohl bekannteste Metropole. Sie liegt an der Südspitze des Kontinents, am Kap der Guten Hoffnung, dort, wo beide Ozeane aufeinander treffen. Da das Tafelbergmassiv um die Stadt die rauen Meereswinde abhält, ist das sonnenverwöhnte Kapstadt ein beliebtes Urlaubsziel.

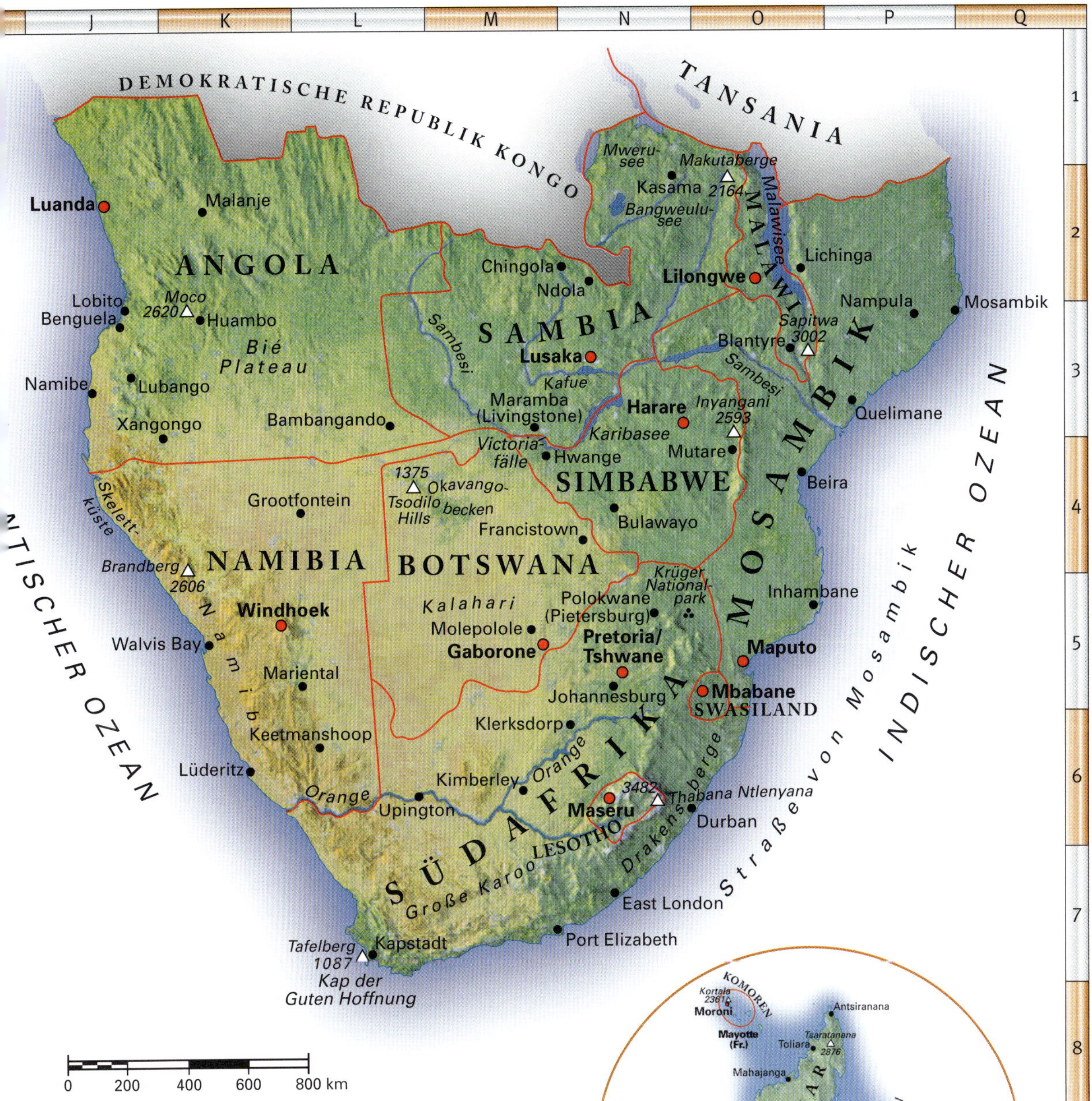

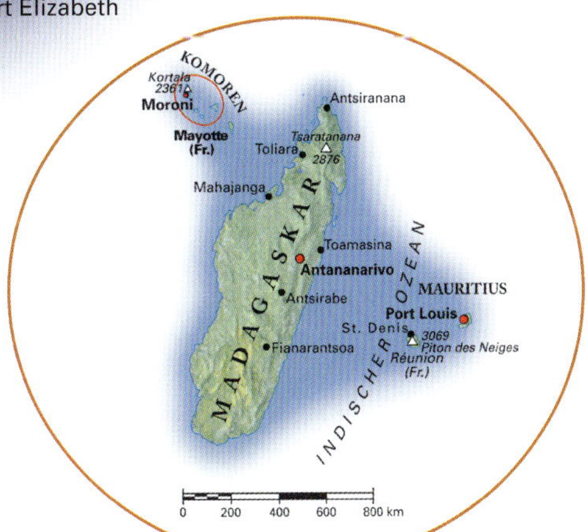

DIAMANT

Die größten Diamantfundstätten liegen in Südafrika. Sie werden wegen ihrer Härte in der Industrie als Bohr-, Schneid- und Schleifmaterial verwendet.

KUNSTHANDWERK

In den Ländern Afrikas hat das Kunsthandwerk eine lange Tradition. Textilien, Holzschnitzereien, Keramik und Schmuck erfreuen sich vor allem bei den Touristen großer Nachfrage.

Die Kontinente:

Australien
und Ozeanien

Australien ist der kleinste Kontinent der Erde. Er liegt südlich von Asien, umgeben vom Pazifischen und Indischen Ozean. Er ist der flachste Kontinent und das trockenste bewohnte Gebiet der Erde. Keine Erhebung liegt höher als 500 Meter und weltweit hat Australien die wenigsten Flüsse. Die Trockenheit führt mitunter zu Temperaturen von über 50 Grad Celsius im Landesinneren, das größtenteils aus Wüsten oder Busch- und Grasland besteht und Outback genannt wird.

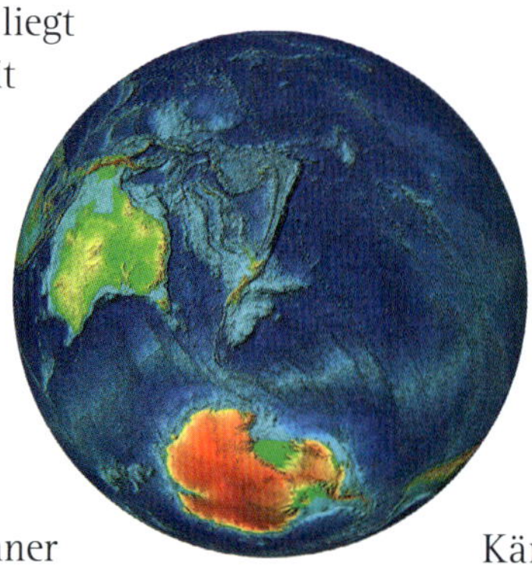

Die Aborigines, die Ureinwohner Australiens, leben im Outback noch heute nach den Traditionen ihrer Ahnen. Diese kamen vor etwa 40 000 Jahren vermutlich aus Papua-Neuguinea nach Australien. Heute haben sich viele der Aborigines auch an der Ost-, Südost- und Südwestküste niedergelassen. Hier ist Australien am dichtesten besiedelt, das Klima gemäßigt und der Boden fruchtbar. Im Nordosten des Kontinents gibt es Gebiete mit dichten Regenwäldern. Im Südosten ist es kälter. Hier kommt es sogar regelmäßig zu Schneefällen in den Bergen.

Im Jahre 1770 landete der englische Seefahrer James Cook an der Ostküste Australiens und unterstellte das Land der britischen Krone. Die ersten Europäer in Australien waren britische Strafgefangene. Doch bald kamen auch freie Siedler. Bis heute ist die britische Königin das Staatsoberhaupt von Australien. Die politische Macht übt der australische Premierminister aus.

Die bekanntesten Tiere in Australien sind das Känguru und der Koalabär. Beide gehören zu den Beuteltieren, von denen es in Australien und auf den umliegenden Inseln 150 verschiedene Arten gibt. Der Wellensittich stammt ursprünglich auch aus Australien.

Östlich des Kontinents liegt Ozeanien, das größte Inselgebiet der Erde. Es erstreckt sich über die riesige Fläche von 70 Millionen Quadratkilometern im Pazifik und reicht von Neuguinea und Neuseeland bis zu den Osterinseln. Die tausenden von kleinen und größeren Inseln gehören entweder zu Mikronesien, Melanesien oder Polynesien.

J
K
L
M
N
O
P
Q
1
2
3
4
5
6
7
8
9
10
11
PAZIFISCHER OZEAN
Neuirland
Neu-guinea
PAPUA-NEUGUINEA
Neubritannien
SALOMONEN
Port Moresby
Honiara
Torresstraße
Arafurasee
Santa-Cruz-Inseln
Korallensee
Banks-Inseln
Carpentariagolf
VANUATU
Port Vila
FIDSCHI
Suva
Neu-kaledonien (Fr.)
Loyalty-Inseln (Fr.)
Northern Territory
Queensland
STRALIEN
South Australia
New South Wales
Canberra
Australian Capital Territory
Große Australische Bucht
Känguru-Insel
Victoria
Bass-Straße
Tasmansee
Nord-insel
NEUSEELAND
TASMANIEN
Wellington
Südinsel
ER OZEAN
0
400
800 km

Australien

Australien ist flächenmäßig in etwa so groß wie das Festland der USA, ist im Gegensatz dazu aber nur äußerst dünn besiedelt. Es besteht aus sechs Bundesstaaten, zwei Festlandterritorien (Northern Territory, Australian Capital Territory), der Insel Tasmanien und zahlreichen kleineren Inseln. Die einzelnen Bundesstaaten sind: Queensland, New South Wales, Victoria, der Inselstaat Tasmanien, South Australia und Western Australia.

Eines der faszinierendsten Naturwunder, die Australien zu bieten hat, ist das Great Barrier Reef, das größte Riff der Welt. Es besteht aus 3 000 Einzelriffs, die sich über fast 2 300 Kilometer vor der australischen Ostküste entlang ziehen und umfasst ein Gebiet so groß wie Großbritannien. Rund 1 500 Fischarten und 400 000 Arten von Meeresbewohnern finden am Barrier Reef einen idealen Lebensraum. Vor allem unzählige Korallenarten gibt es hier. Sie haben das Great Barrier Reef durch riesige Anhäufungen von Korallenkalk aufgebaut.

Dic Hauptstadt Australiens ist Canberra. Die beiden größten und bedeutendsten Metropolen sind Sydney und Melbourne. Im Herzen Australiens erhebt sich der größte Felsen der Welt, der Ayers Rock. Der gigantische, kahle Fels ist den Aborigines eine Heilige Stätte und Mittelpunkt vieler Sagen und religiöser Rituale. Viele Aborigines leben noch im Einklang mit der Natur. Zur Jagd benutzen sie einen Bumerang oder eine Art Speerschleuder. Eines der religiösen Rituale ist das so genannte Corroboree-Fest, bei dem mit weißer und roter Ockerfarbe beschmierte Stammesmitglieder mit uralten Gesängen und Tänzen das Fest des Lebens feiern.

Gold

Die Entdeckung von Gold lockte im Laufe der Geschichte immer wieder abertausende von Menschen in die entlegensten Orte der Erde. Ein Goldsucher namens Holtermann stieß 1872 im australischen New South Wales auf den mit 85 Kilogramm schwersten Goldklumpen, der je gefunden wurde.

Koala

Der Koala ist ein Beutelbär. Er wird rund 60 Zentimeter groß und lebt auf den Eukalyptusbäumen in den Wäldern Ostaustraliens. Wie das Känguru ernährt die Koalamutter ihr Junges monatelang in ihrem Beutel.

Känguru

Das Känguru gehört zu den Beuteltieren. Mit seinen starken Hinterbeinen bewegt es sich mit weiten Sprüngen durch die Buschsteppen Australiens. Ein Muttertier trägt und ernährt die Jungen monatelang im Beutel.

Opernhaus von Sydney

Der Bau mit dem außergewöhnlichen, muschelähnlichen Dach ist das Wahrzeichen der Stadt.

Aborigine mit Bumerang

Der Bumerang ist die traditionelle Wurfwaffe der Aborigines. Durch seine Form kehrt er bei Verfehlen des Ziels zum Werfer zurück.

Ayers Rock

Für die Aborigines ist der Uluru, wie sie den Ayers Rock nennen, ein heiliger Ort. Sie glauben, dass ihre Vorfahren in der „Traumzeit" Land und Menschen erschaffen haben. Erhaltene Wandzeichnungen in dortigen Felshöhlen zeigen die Abenteuer und Reisen ihrer Ahnen.

Tasmanischer Tiger

Das einem Hund ähnliche Beuteltier lebte einst in den offenen Steppen Australiens und Tasmaniens und machte Jagd auf einheimische Tiere, bis es selbst vom Menschen gejagt und schließlich ausgerottet wurde.

Ozeanien

Paradiesvogel

Der Paradiesvogel ist das Nationaltier von Papua-Neuguinea, wo die meisten der rund vierzig Paradiesvogelarten beheimatet sind; doch auch in den Urwäldern Australiens und auf den Molukken trifft man auf diese Singvögel. Die Männchen tragen ein farbenprächtiges und funkelndes Federkleid. Die Weibchen sind unauffällig gefiedert.

Schafe

Obwohl Neuseeland ein moderner Industriestaat ist, stellt die Schafzucht ebenso wie in Australien einen bedeutenden Wirtschaftsfaktor dar. Der größte Teil der landwirtschaftlich nutzbaren Fläche wird für die Zucht von Schafen und Rindern genutzt. Die hartblättrigen Pflanzen auf dem australischen und neuseeländischen Weideland genügen den anspruchslosen Tieren. Besonders berühmt ist das Merino-Schaf, das wertvolle Wolle liefert.

Südseestrand

In Ozeanien finden Besucher blendend weiße Sandstrände vor. Die Inselwelt ist außerdem ein Paradies für Taucher.

Ozeanien besteht aus zwei unterschiedlichen Inseltypen – die flachen, sandigen Koralleninseln, die man auch als Atolle bezeichnet, und die Vulkaninseln, die meist hoch und felsig aus dem Meer ragen.

Auf den vielen Inseln Ozeaniens gibt es allerlei Besonderheiten. Zum Beispiel wächst hier die seltene Silberschwert-Pflanze, die erst nach sieben Jahren blüht und dann abstirbt. Das traditionelle Getränk, das in ganz Ozeanien beliebt ist, heißt Kawa, ein aus Kawa- und Pfefferwurzeln hergestellter Saft. Ein besonderer Brauch ist das Tätowieren des ganzen Körpers, das vor allem in Mikronesien und Polynesien eine lange Tradition hat.

Auf den Fidschiinseln hat der berühmte alte Volkstanz Meke seinen Ursprung. Und auf den Tongainseln wird bis heute ein altes Kunsthandwerk gepflegt, bei dem aus Baumrinden ein Stoff hergestellt wird, den man Tapa nennt.

Auch viele berühmte Europäer lebten und arbeiteten in der Südsee: In Apia, der Hauptstadt Samoas, liegt Robert L. Stevenson begraben, der Autor des berühmten Jugendromans „Die Schatzinsel". Der berühmte Maler Paul Gauguin lebte und malte an verschiedenen Orten in der Südsee.

OSTERINSEL

Auf der Osterinsel im südlichen Pazifik leben nur etwa 1000 Einheimische. Bekannt sind die zahlreichen riesigen Steinfiguren, die zwischen 100 und 1700 errichtet wurden. Da die Insel an Ostern 1722 entdeckt wurde, heißt sie Osterinsel.

TAHITI

Tahiti ist die größte der Gesellschaftsinseln im Pazifischen Ozean. Die Insel ist größtenteils mit Urwald bedeckt. Die Bewohner bauen Zuckerrohr, Vanille und Bananen an und betreiben auch Perlfischerei. Tamburé heißt der Nationaltanz auf Tahiti.

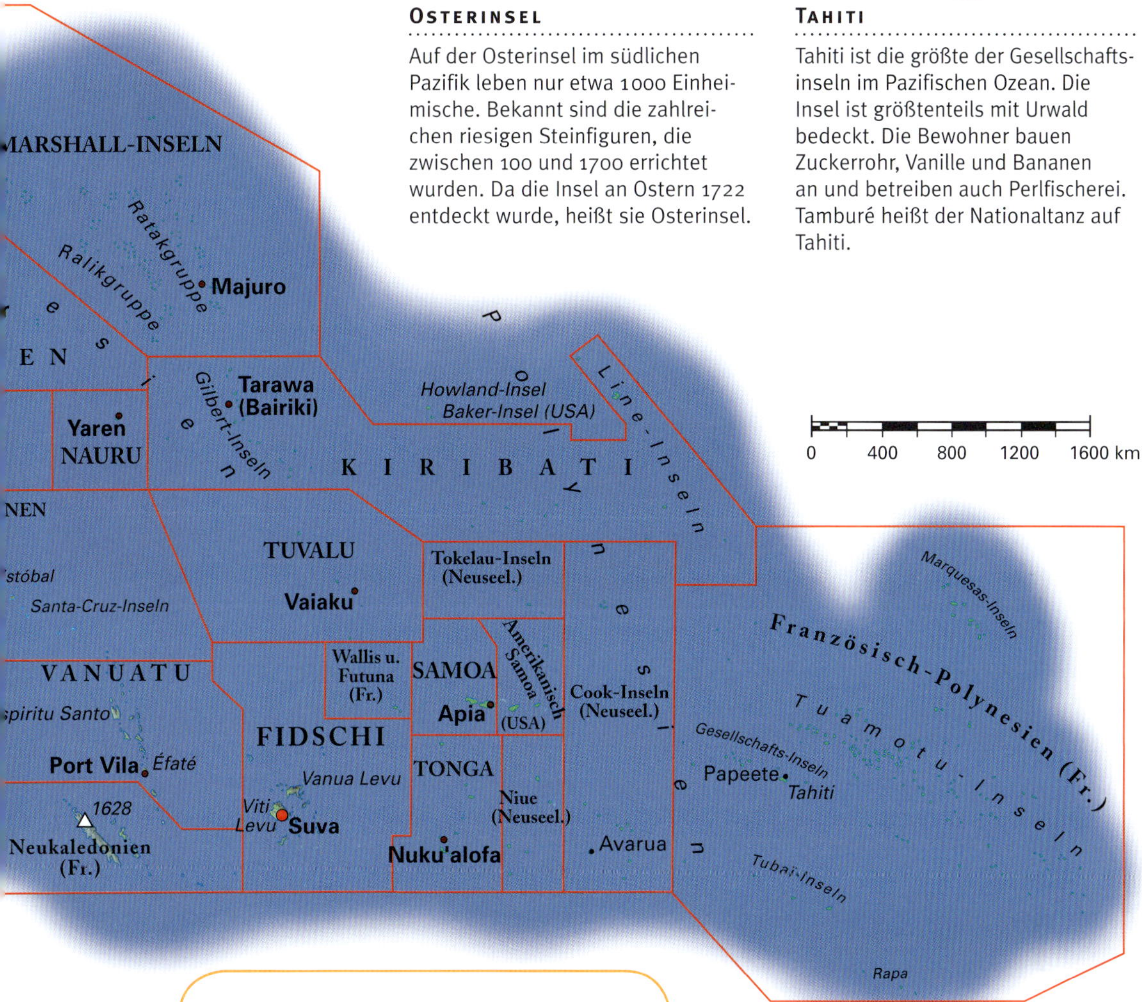

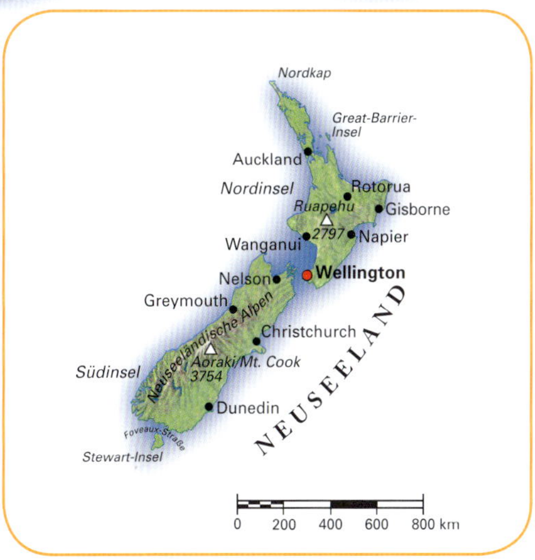

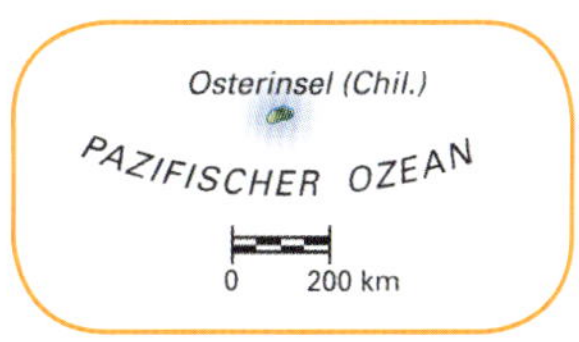

Der Kontinent Amerika:

Nordamerika

Zusammen mit Südamerika bildet Nordamerika den Doppelkontinent Amerika. Nordamerika reicht vom Nordpolarmeer bis Mexiko, das gemeinsam mit Mittelamerika wie eine Landbrücke die Verbindung zu Südamerika schafft. Im Osten wird es vom Atlantik, im Westen vom Pazifik begrenzt. Im Westen zieht sich die gewaltige Gebirgskette der Kordilleren von Alaska bis Kap Hoorn. Die Rocky Mountains sind die Hauptkette der nordamerikanischen Kordilleren und die Wasserscheide zwischen Pazifischem und Atlantischem Ozean. Östlich der Rocky Mountains erstrecken sich fruchtbare Ebenen, die Great Plains.

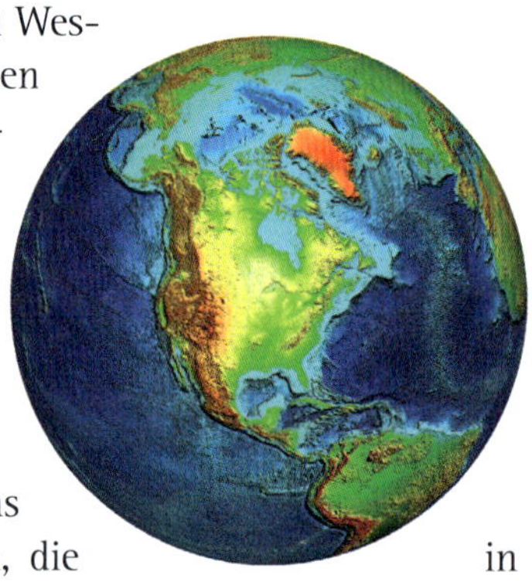

Daneben gibt es aber auch weite, unberührte Wildnis. Der größte Teil Nordamerikas liegt in der gemäßigten Klimazone. Der Norden ist geprägt von polarem Klima, im Süden erstrecken sich die Wüstensteppen, im Südosten herrscht subtropisches Klima und Kalifornien im Westen besitzt Mittelmeerklima.

Im Osten Nordamerikas erstreckt sich der waldreiche Gebirgszug der Appalachen. In Nordamerika liegen der Bundesstaat Kanada und die Vereinigten Staaten von Amerika (USA). Die einstigen Ureinwohner machen heute nur noch einen verschwindend geringen Teil der Bevölkerung aus. Mit der Besiedelung Nordamerikas durch die Europäer wurden die Ureinwohner nach und nach aus ihren angestammten Lebensräumen vertrieben. Heute sind die meisten Einwohner Nachkommen europäischer und zu einem geringeren Teil auch japanischer und chinesischer Einwanderer. Eine andere große Bevölkerungsgruppe ist afrikanischer Herkunft. Ihre Vorfahren wurden einst als Sklaven nach Amerika verschleppt.

In Nordamerika liegen einige der größten Städte der Welt wie Los Angeles oder New York, das so viele Einwohner hat wie ganz Österreich.

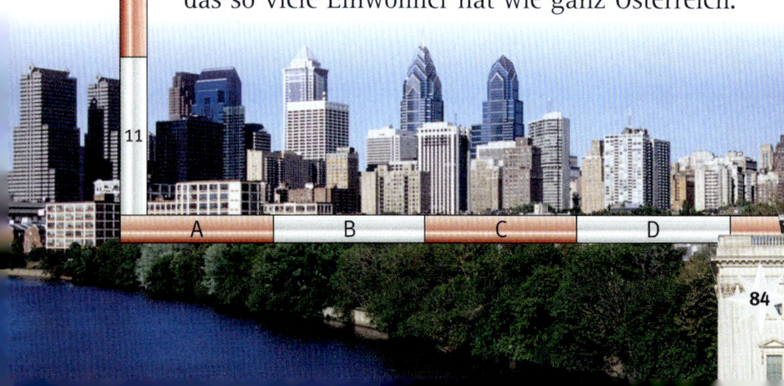

J
K
L
M
N
O
P
Q
1
2
3
4
5
6
7
8
9
10
11
ARKTIS
Baffinbai
Baffin-Insel
Davisstraße
EUROPA
Nunavut
Northwest Territories
Hudsonbai
Newfoundland & Labrador
A N A D A
Alberta
Saskatchewan
Manitoba
Ontario
Québec
Neufundland
ATLANTISCHER OZEAN
Prince Edward Island
New Brunswick
Nova Scotia
Montana
North Dakota
Minnesota
Wisconsin
Michigan
Ottawa
Maine
Vermont
New Hampshire
Wyoming
South Dakota
New York
Massachusetts
Rhode Island
Connecticut
Nebraska
Iowa
Pennsylvania
New Jersey
Colorado
Illinois
Indiana
Ohio
Maryland
Delaware
Kansas
West Virginia
Washington D.C.
Missouri
Kentucky
GTE STAATEN VON AMERIKA (USA)
Virginia
New Mexico
Oklahoma
Tennessee
North Carolina
Arkansas
South Carolina
Mississippi
Alabama
Georgia
Texas
Louisiana
Florida
Golf von Mexiko
MITTELAMERIKA

Kanada und Alaska

EISBÄR

Der Eisbär legt auf der Jagd hunderte von Kilometern zurück. Zur Paarungszeit im Frühsommer tragen die Männchen heftige Kämpfe aus.

GRIZZLY

Der im Nordwesten Nordamerikas beheimatete Bär ernährt sich von Pflanzen und Fischen, aber auch von größeren Tieren wie dem Bison.

ELCH

Der Elch ist mit bis zu 3,20 Metern Länge und 2,40 Metern Höhe der größte Hirsch. Er ist in Wäldern an Sümpfen, Seen oder Flüssen beheimatet. Im Sommer taucht er dort nach Wasserpflanzen.

HOLZ

Wald bedeckt fast die Hälfte der Landesfläche Kanadas und so hat die Holzwirtschaft dort eine lange Tradition. Das Blatt des Ahornbaumes ist das Nationalsymbol Kanadas.

Kanada

Kanada erstreckt sich über den größten Teil der Nordhälfte des amerikanischen Kontinents und ist nach Russland das zweitgrößte Land der Welt. Städte und Ackerland gibt es nur im Süden, in Grenznähe zu den Vereinigten Staaten von Amerika. Der Norden dagegen ist nur sehr dünn besiedelt. Das liegt daran, dass Nordkanada, einschließlich der Inseln vor der Küste im Nordpolarmeer, eine Eiswüste ist und bei arktischem Klima von Dauerfrostboden geprägt ist. Die baumlose Kältesteppe im Polargebiet wird Tundra genannt. Hier leben Moschusochsen, Karibus und Wölfe, und im dicken Packeis der Arktis sind Eisbären zu Hause. Die arktischen Gewässer bieten Nahrung für Wale, Walrosse und Seehunde.

Die Tundra geht im Süden in flaches, dicht bewaldetes Land über, in dem zahlreiche Seen liegen. Da beinahe die Hälfte der Landesfläche mit Wald bedeckt ist, ist Kanada der größte Holzexporteur der Welt. Die Coastal Mountains, die von der Pazifikküste aufsteigen, werden im Osten von den Rocky Mountains begrenzt. Hohe Gipfel und tiefe Täler, die einst von Gletschern ausgeschürft wurden und jetzt dicht bewaldet sind, prägen das Landschaftsbild. In der Prärie, der zentralen Tiefebene zwischen Rocky Mountains und Waldgürtel, liegt das Hauptanbaugebiet für Weizen. Im Gebiet der Großen Seen und vor allem in den fruchtbaren Landschaften um den St.-Lorenz-Strom ist das Land dicht besiedelt. Auch die Großstadt Montréal liegt am St. Lorenz. Weitere große Städte sind Ottawa, die Hauptstadt Kanadas, sowie Toronto am Ontariosee. Im Nordwesten erstreckt sich die höchste Gebirgskette Kanadas, die Saint-Elias-Mountains, zu der auch der Mount Logan (5 959 Meter) gehört, der höchste Gipfel des Landes.

HUDSONBAI

Die Hudsonbai ist neun Monate im Jahr vereist. Schiffsverkehr ist nur von Juli bis September möglich.

KARIBU

Das nordamerikanische Wild-Rentier heißt Karibu. Es lebt in Kanada und Alaska.

GOLDWÄSCHER

Wenn goldhaltiges Gestein verwittert, gelangt das wertvolle Edelmetall in den Flusssand. Durch das Auswaschen gewinnen die so genannten Goldwäscher das Gold in reiner Form. Gold ist nicht nur als Schmuckmetall begehrt, sondern wird auch zur Herstellung von Geldwährungen verwendet.

WASCHBÄR

Der Allesfresser macht seiner pfiffigen Gaunermaske alle Ehre. Um etwas Essbares zu erbeuten, macht er auch vor den Vorräten und Abfällen der Menschen nicht Halt. Gewandt öffnet er sogar Riegel und Türen.

Alaska

Alaska ist der nördlichste Staat der USA und gleichzeitig auch der größte. 1867 hatten die USA den Russen Alaska für 7,2 Millionen Dollar abgekauft. Was zunächst als Geldverschwendung angesehen wurde, stellte sich als lohnendes Geschäft heraus, als man in Alaska große Mengen an Bodenschätzen entdeckte: Das Land erwies sich als reich an Öl- und Goldvorkommen.

Im arktischen Klima des Landes gibt es größtenteils Dauerfrostboden. Vor allem die arktischen Tierarten wie Karibu oder Polarfuchs haben hier eine sehr große Bedeutung für die Bevölkerung. Die Menschen decken damit ihren Grundbedarf an Nahrung und handeln zusätzlich mit Fellen. Kommerzielle Fischerei wird vor allem im Südwesten des Landes betrieben.

Vereinigte Staaten von Amerika

Indianer

Die Indianer sind die Ureinwohner Nordamerikas. Indianerstämme gab es einst unzählige. Zu den bekanntesten nordamerikanischen Stämmen gehören die Sioux und die Irokesen. Mit der Besiedlung des Landes durch die Europäer wurden die angestammten Lebensräume der Indianer zerstört. In den Reservationen Nordamerikas leben heute nur noch rund 500 000 Indianer.

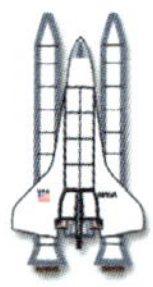

Kap Canaveral

An der Ostküste Floridas liegt Kap Canaveral, das wichtigste Startzentrum für Weltraumflüge der USA. Von 1979 bis 2011 starteten von hier aus auch die Flüge des wiederverwendbaren Space Shuttle, eines der erfolgreichsten Raumfahrzeuge der Welt.

Die Vereinigten Staaten von Amerika sind das viertgrößte Land der Erde. Sie bestehen aus einer Union von fünfzig Bundesstaaten und erstrecken sich quer über den Südteil des nordamerikanischen Kontinents, vom Atlantischen bis zum Pazifischen Ozean und von der kanadischen Grenze bis zum Golf von Mexiko. Die Entfernungen sind riesig, die Naturgebiete gewaltig und schön.

Die Hauptstadt aller fünfzig Bundesstaaten, Washington D.C., befindet sich im Nordosten der USA, einer der am dichtesten besiedelten Regionen. Das Gebirge der Appalachen im Osten trennt die Küstenstädte am Atlantik von den Großen Seen und dem Mittleren Westen. In den von Laubwäldern bedeckten Hängen streifen Schwarzbären umher und am Ufer der Gebirgsbäche haben Otter ihre Behausungen. An der Südspitze des Bundesstaates Florida bieten die Everglades, ein Nationalpark mit schier endlosen Sümpfen, den idealen Lebensraum für Alligatoren, Schlangen und Schildkröten. Die Great Plains, die großen Ebenen im Westen und Mittelwesten, sind fruchtbares Ackerland und Heimat der Cowboys.

Los Angeles

Los Angeles in Kalifornien an der Westküste der USA ist eine große Ansammlung verschiedener Orte. Einer davon ist der Filmstandort Hollywood. Über 60 verschiedene Filmstudios und Medienfirmen sind in Hollywood tätig.

Grand Canyon

Im Nordwesten Arizonas hat der Colorado den einzigartigen Grand Canyon ausgeformt, ein schluchtenartiges Tal, das 350 Kilometer lang und bis zu 29 Kilometer breit ist. Die vielfarbigen Sand- und Kalksteinhänge stürzen stellenweise 1700 Meter in die Tiefe.

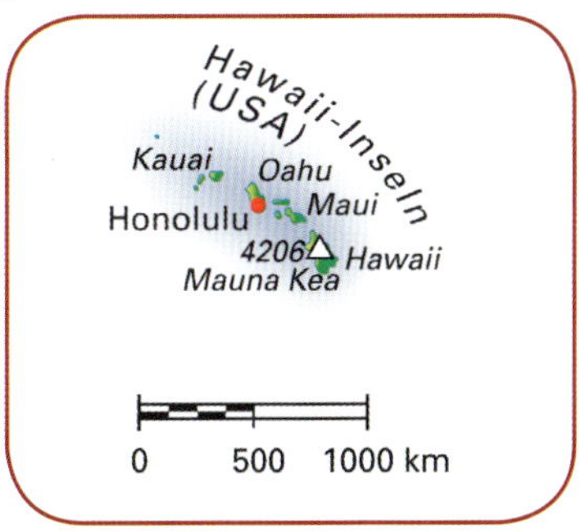

Hula-Tänzerin

Hula ist der heilige Tanz auf Hawaii. Begleitet wird der rituelle Hula zumeist von Schlaginstrumenten und Sprechgesängen. Der Tanz erzählt alte Geschichten von Liebe und dem Alltag auf den hawaiischen Inseln.

Truck

Die Trucks, so die amerikanische Bezeichnung für tonnenschwere Lastkraftwagen, sind Symbol für amerikanische Fernfahrerromantik. Abertausende dieser riesigen, chromblitzenden Fahrzeuge transportieren Tag für Tag Waren und Güter über die amerikanischen Highways.

Golden Gate Bridge

Die Golden Gate Bridge ist eine 2,8 Kilometer lange Hängebrücke über der Bucht von San Francisco. Erbaut wurde sie von 1933 bis 1937. Sie ist an langen Stahlkabeln aufgehängt, welche an zwei hohen Turmpfeilern befestigt sind.

Mount Rushmore

Zwischen 1927 und 1941 meißelte der Bildhauer Gutzon Borglum die Köpfe der bedeutenden Präsidenten George Washington, Thomas Jefferson, Theodore Roosevelt und Abraham Lincoln in die Granitfelsen des Mount Rushmore in South Dakota. Heute ist der Fels ein amerikanisches Nationalmonument.

An der Grenze zu Kanada liegen die größten Süßwasserseen der Welt, die Great Lakes. Zum Abfluss des Eriesees gehören auch die Niagarafälle, deren Wassermassen an der amerikanisch-kanadischen Grenze in die Tiefe stürzen. Das Hochgebirge der Rocky Mountains, das sich über eine Breite von rund 1 700 Kilometern in West-Ost-Richtung erstreckt, durchzieht das westliche Drittel des Landes. Zahlreiche Gipfel ragen über 4 000 Meter in die Höhe.

Eine der eindrucksvollsten Landschaften der USA liegt im Bundesstaat Arizona. Das Colorado-Plateau mit dem gewaltigen Grand Canyon, der größten Schlucht der Welt, sowie das Monument Valley, ein breites Tal mit vielfarbigen Sandsteinschichten, bieten einen atemberaubenden Anblick. Alaska (siehe auch Seite 86 und 87), das mit seinen Goldvorkommen einst tausende Siedler lockte, ist der nördlichste und größte Staat der USA und durch Kanada vom übrigen Staatsgebiet getrennt.

Route 66

Die Route 66 verkörpert den amerikanischen Traum von Freiheit und Abenteuer. Der Bau der legendären Straße begann 1926. Die 3940 Kilometer lange Strecke verlief von Chicago in Illinois bis nach Santa Monica in Kalifornien und führte durch acht Bundesstaaten. Heute sind Teile der ursprünglichen Straße durch Autobahnen ersetzt.

Als zweitgrößter Bundesstaat folgt Texas, das auf Grund der Erdölvorkommen und der Rinderzucht einer der reichsten Landesteile ist. Hollywood, Stadtteil von Los Angeles im Bundesstaat Kalifornien, ist das Zentrum der amerikanischen Filmindustrie. 1908 wurde hier der erste Film gedreht. Was den wirtschaftlichen, politischen und kulturellen Einfluss angeht, sind die USA die führende Nation der Welt. Diesen Erfolg verdanken sie unter anderem dem Reichtum ihrer natürlichen Ressourcen und ihrer kulturellen Vielfalt.

Freiheitsstatue

Sie wurde den USA 1884 von Frankreich geschenkt und in 210 Kisten verpackt über den Atlantik verschifft. Die 171 Treppenstufen im Inneren der Figur führen hinauf zu einer Besucherplattform im Kopf der Statue mit einzigartigem Blick auf die Skyline von New York.

Baseball

Baseball, das amerikanische Schlagballspiel, wird von zwei Mannschaften zu je neun Spielern gespielt. Um einen Punkt zu machen, muss der Schlagmann der verteidigenden Mannschaft den auf ihn geworfenen Ball mit dem Schlagstock zurückschlagen und dann um das Baseballquadrat im Spielfeld laufen.

Chicago und Michigansee

Chicago, die Metropole am Südwestufer des Michigansees, ist neben New York und Los Angeles eine der größten Städte der USA. In Chicago steht einer der höchsten Wolkenkratzer der Welt, der Sears Tower. Die Stadt lebt hauptsächlich von der Industrie und ist Amerikas bedeutendster Verkehrsknotenpunkt.

Kapitol

In Washington D.C., der Hauptstadt der USA, steht das Kapitol. Dieses prächtige Gebäude beherbergt den Regierungssitz, das Senatsgebäude und das Repräsentantenhaus. Es wurde zwischen 1851 und 1863 erbaut. Die große Kuppel in der Mitte des Gebäudes misst eine Höhe von 68 Metern.

Lavafelsen auf Hawaii

Auf Hawaii bildet die ins Meer geflossene Lava eigenwillige Formen.

Bison

Der wollig behaarte Bison bevölkerte einst in großen Herden die Prärien Nordamerikas. Für die Indianer war er Lebensgrundlage. Doch bis zum Ende des 19. Jahrhunderts war diese Wildrindart nahezu ausgerottet. Heute nimmt der Bestand wieder zu. Bisons werden sehr groß. Ein ausgewachsenes Männchen erreicht eine Schulterhöhe von 1,80 Meter.

Der Kontinent Amerika:

Mittelamerika

Als Mittelamerika bezeichnet man die Landbrücke zwischen Nord- und Südamerika, auf der Mexiko liegt. Auch Zentralamerika (Belize, Costa Rica, El Salvador, Guatemala, Honduras, Nicaragua, Panama) sowie die Westindischen Inseln (die Bahamas und die Großen und Kleinen Antillen) zählt man zu Mittelamerika. Die Westindischen Inseln kamen zu ihrem Namen, als Kolumbus 1492 auf einer dieser Inseln landete. Er glaubte, sie gehöre zu Indien.

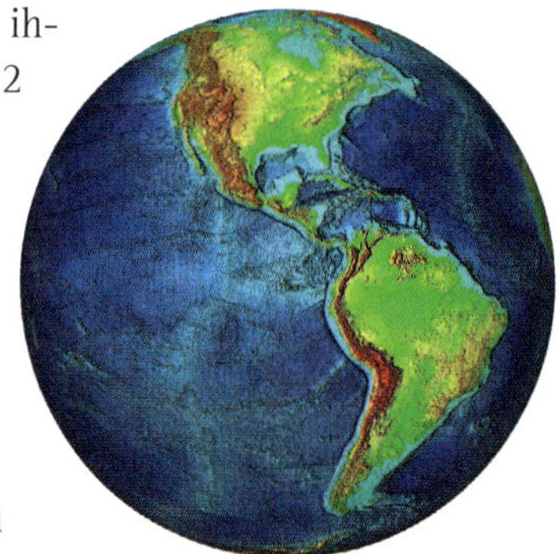

Die zusammenfassende Bezeichnung für die süd- und mittelamerikanische Region ist Lateinamerika. Nachdem Kolumbus Amerika entdeckt hatte, haben Spanier und Portugiesen nach und nach die Länder Mittelamerikas erobert, kolonisiert und sie sprachlich und kulturell entscheidend geprägt. In den Ländern Mittelamerikas ist daher Spanisch die Landessprache. Bis auf wenige Karibikinseln sind heute fast alle mittelamerikanischen Staaten unabhängig.

Immer wieder kommt es in den Regionen Mittelamerikas zu Vulkanausbrüchen und Erdbeben. Und insbesondere die karibischen Inseln werden zwischen Juni und Oktober häufig von verheerenden Wirbelstürmen heimgesucht.

J
K
L
M
N
O
P
Q
1
2
3
4
5
6
7
8
9
10
11
RIKA
ATLANTISCHER OZEAN
Golf von Mexiko
Floridastraße
Nassau
BAHAMAS
Havanna
KUBA
Turks- u. Caicos-Inseln (G.-B.)
Inseln über dem Winde
Golf von Campeche
Große Antillen
JAMAIKA
Kingston
HAITI
Port-au-Prince
DOMINIKANISCHE REPUBLIK
Santo Domingo
Puerto Rico (USA)
San Juan
Jungfern-Inseln (USA/G.-B.)
ANTIGUA U. BARBUDA
St. John's
Basseterre
ST. KITTS U. NEVIS
Guadeloupe (Fr.)
Roseau
DOMINICA
Martinique (Fr.)
Kleine Antillen
Castries
ST. LUCIA
Bridgetown
BARBADOS
Kingstown
ST. VINCENT U. DIE GRENADINEN
Saint George's
GRENADA
Karibisches Meer
Niederländische Antillen (NL)
Belmopan
BELIZE
GUATEMALA
Guatemala-Stadt
HONDURAS
Tegucigalpa
San Salvador
EL SALVADOR
NICARAGUA
Managua
COSTA RICA
San José
Panama-Stadt
PANAMA
Golf von Panama
Kokos-Insel (Costa Rica)
0
400
800 km
SÜDAMERIKA

Mexiko und die Karibik

Sombrero

Der Strohhut mit der langen Hutspitze und der breiten Krempe ist vor allem in Mittelamerika eine verbreitete Kopfbedeckung. Überall werden die riesigen Hüte mit verschiedenen Mustern und Farben auf Straßenmärkten feil geboten.

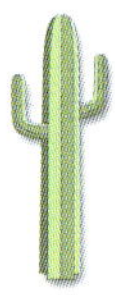

Kaktus

Der Kaktus ist eine Wüstenpflanze und darauf angewiesen, über lange Zeit ohne Wasser auskommen zu können. Bei Regen speichert die Pflanze so viel Wasser wie möglich im tonnenförmigen Stamm. Die Stacheln beugen einem Wasserverlust durch Verdunstung vor. Ein Riese unter den Kakteen ist der Saguaro-Kaktus, der bis zu 15 Meter hoch werden und mehrere Tonnen Wasser speichern kann.

Mexiko

Der größte Teil Mexikos liegt auf der Landbrücke zwischen Nord- und Südamerika. Es schiebt sich als breite, bergige Landzunge zwischen den Pazifischen Ozean und den Golf von Mexiko. Geografisch gehört der Norden Mexikos noch zu Nordamerika, der Süden zählt zu Mittelamerika. Kulturell, sprachlich und historisch ist das Land aber eindeutig mit südamerikanischen Ländern verwandt. Da Mittelamerika wie Südamerika jahrhundertelang von Spanien regiert wurde, sprechen hier viele Leute Spanisch.

Mexiko wird landschaftlich von einem zentralen Hochland geprägt, das von den steilen, zerklüfteten Gebirgszügen der Sierra Madre umschlossen wird. In den Höhenwäldern herrscht kühles, trockenes Klima, tropisch feucht hingegen ist es das ganze Jahr über in niederen Lagen, vor allem an der Ostküste. Die Regenzeit von Mai bis Oktober wechselt regelmäßig mit der Trockenzeit von November bis April ab.

In den nördlichen Wüsten wachsen hauptsächlich Wüstengräser, Sträucher sowie unzählige Kakteen- und Agavenarten. Hier sind Gürteltiere, Hirsche, Pumas und Kojoten zu Hause. Das zentrale Hochland dagegen besteht überwiegend aus Grasland. In den tropisch warmen Regenwäldern im Süden leben Affen, Papageien, Jaguare und Ameisenbären. Mexiko ist auch ein Land der Vulkane und der ewig schneebedeckten Gipfel. Die Berge ragen über 5 000 Meter hoch auf und haben beinahe unaussprechlichen Namen: Popocatépetl (5 452 Meter) oder Iztaccihuatl (5 286 Meter).

Mit der Eroberung durch die Spanier im 16. Jahrhundert begann der Niedergang des großen Aztekenreiches. Auf den Ruinen der alten Aztekenhauptstadt Tenochtitlán, die von den Spaniern zerstört worden war, wurde die heutige Hauptstadt Mexikos, Mexiko-Stadt (Ciudad de México), errichtet. Die schachbrettartig angelegte Stadt ist eine der größten und am schnellsten wachsenden Metropolen der Welt.

Chac Mool

Ein Chac Mool ist eine altmexikanische, auf dem Rücken liegende Steinfigur. Die Platte, die der meist zur Seite blickende Chac Mool in den Händen hält, diente als Altar für Opfergaben.

Mayakultur

Die Maya, eine Gruppe indianischer Völker, entwickelten in Mittelamerika eine blühende Hochkultur. Die Stufenpyramiden, die heute noch erhalten sind, zeugen von dem hohen Stand der damaligen Baukunst. Mit der Eroberung durch die Spanier im 16. Jahrhundert zerfiel die Mayakultur. Die bekannteste Ruinenanlage Mexikos ist Chichen Itza.

Die Karibischen Inseln

Die Karibischen Inseln liegen in einem Bogen zwischen Florida und Venezuela und werden auch als Antillen oder Westindische Inseln bezeichnet. Viele seltene Tierarten wie etwa Fregattvögel oder Fliegende Fische sind in der karibischen Inselwelt zu finden. Rund dreißig der zahllosen Inseln sind bewohnt. Als Urlaubsgebiete sind vor allem die Dominikanische Republik, die Bahamas, Barbados, Martinique und die für ihre Raggae-Musik bekannte Insel Jamaika beliebt. Auch auf Kuba bildet der Tourismus eine wichtige Einnahmequelle. Außerdem sind Zuckerrohr, Zitrusfrüchte und die berühmten kubanischen Zigarren wichtige Handelsgüter.

Der Kontinent Amerika:

Südamerika

Südamerika, der südliche Teil des Doppelkontinents Amerika, erstreckt sich über rund 7 500 Kilometer von Nord nach Süd und rund 5 100 Kilometer von West nach Ost. Im Westen erheben sich entlang der gesamten Küste die Anden, der längste Gebirgszug der Welt. Die Anden sind die Wasserscheide zwischen Pazifischem und Atlantischem Ozean und zusätzlich eine Klimascheide. Der größte Teil Südamerikas wird von tropischem Klima bestimmt, der Norden gehört der trockenen Passatzone an und der äußerste Süden hat kühl gemäßigtes Klima. Östlich der Anden erstreckt sich das Amazonasbecken. Es ist das größte zusammenhängende tropische Regenwaldgebiet der Erde, das einst mehr als ein Drittel des Kontinents bedeckte und birgt weltweit den größten Artenreichtum an Pflanzen und Tieren. Es gibt zahlreiche Tierarten, die nur dort heimisch sind, wie etwa der Ameisenbär, der Jaguar oder das Gürteltier.

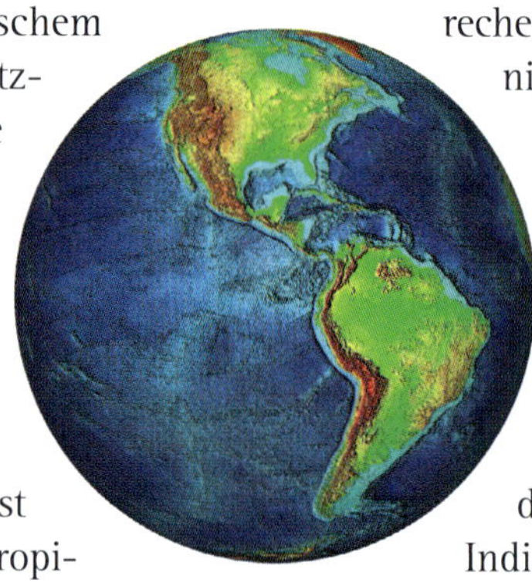

Dieses Gebiet durchfließt der Amazonas. Mit 6 500 Kilometern ist er der zweitlängste und wasserreichste Fluss der Welt. Heute ist das einzigartige Naturreich durch massive Abholzung bedroht. Nördlich und südlich des Amazonasbeckens schließen sich Savannen an, die sogenannten Llanos. Ganz im Süden des Kontinents liegt Patagonien, das im Westen zu Chile, im Osten zu Argentinien gehört. Auf dem grasbedeckten Tafelland wird Schafzucht betrieben. Die Südspitze Südamerikas ist als Kap Hoorn bekannt. Es ist bei Seefahrern wegen der unberechenbaren Wind- und Wetterverhältnisse gefürchtet.

Wegen der Kolonisierung durch die Spanier und Portugiesen ist in den meisten Ländern Südamerikas Spanisch die Landessprache, in Brasilien Portugiesisch.

Bevor Kolumbus 1492 den amerikanischen Kontinent entdeckte, gab es in Südamerika große Indianerkulturen und Indianerreiche wie das der Azteken, der Maya oder der Inka. Diese Indianerreiche wurden von den Spaniern unterworfen und zerstört. Die indianische Urbevölkerung ist von anderen Bevölkerungsgruppen zahlenmäßig überrundet worden. Nur in weit abgelegenen Landesteilen, vor allem hoch in den Anden Perus, Boliviens und Ecuadors, stellen sie noch heute den Großteil der Bevölkerung. Ansonsten lebt in Südamerika ein buntes Völkergemisch indianischer, afrikanischer, europäischer, asiatischer und japanischer Herkunft.

J K L M N O P Q
1 2 3 4 5 6 7 8 9 10 11
Karibisches Meer
MITTELAMERIKA
Caracas
Port of Spain
TRINIDAD U. TOBAGO
VENEZUELA
Georgetown
GUYANA
Paramaribo
SURINAME
Französisch Guayana (Fr.)
Bogotá
KOLUMBIEN
Quito
ECUADOR
BRASILIEN
PERU
Lima
BOLIVIEN
Sucre
Brasília
PARAGUAY
Asunción
CHILE
ARGENTINIEN
Santiago
URUGUAY
Montevideo
Buenos Aires
PAZIFISCHER OZEAN
ATLANTISCHER OZEAN
Falkland-Inseln (G.-B.)
Südgeorgien (G.-B.)
0 400 800 km

Der Norden Südamerikas

PFEILGIFTFROSCH

Der bunte Pfeilgiftfrosch lebt in den Regenwäldern Südamerikas. Sein Name kommt von einem Gift, das in den Hautdrüsen produziert wird und das den Eingeborenen zum Einreiben der Jagdpfeile dient.

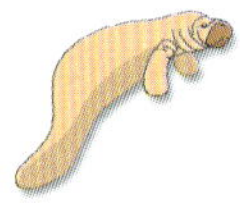

FLUSS-MANATI

Der Fluss-Manati lebt am Oberlauf des Amazonas. Das Tier wird bis zu 4,5 Meter lang und ist trotz seiner plumpen Gestalt ein wendiger Schwimmer, der in flachen Gewässern Wasserpflanzen abweidet.

TUKAN

Die Heimat des Tukan reicht vom südlichen Mexiko bis ins nördliche Argentinien. Mit dem übergroßen, bunten Schnabel pflückt er Beeren und Früchte, schnappt Insekten, Eier und Nestlinge. Er schläft auf dem Rücken und bedeckt sich mit seinen Schwanzfedern.

Im Norden Südamerikas liegen die Länder Französisch Guayana, Suriname, Guyana, Venezuela, Kolumbien, Ecuador, Peru, Bolivien und Brasilien. Aufgrund des feucht-heißen, tropischen Klimas sind weite Teile der Länder mit immergrünen Regenwäldern bedeckt.

Brasilien

Brasilien ist das größte Land Südamerikas und das fünftgrößte der Erde. Hauptstadt des Landes ist Brasilia; die größte Stadt ist São Paulo. An das nördliche Bergland schließt sich nach Süden hin das weite Amazonastiefland an, das ganz im Süden in das Brasilianische Bergland übergeht. Dieses nimmt den größten Teil des Landes ein. Die einzigartige Tier- und Pflanzenwelt im tropischen Regenwald am Amazonasbecken ist nach wie vor durch starke Abholzung bedroht. Deshalb kämpfen auch die indianischen Ureinwohner ums Überleben, die in diesem größten zusammenhängenden tropischen Regenwaldgebiet ihren angestammten Lebensraum haben.

Peru

Peru liegt an der pazifischen Küste Südamerikas. Neben der wüstenhaften Küstenebene erstreckt sich das Land über dem Rücken der Anden. An den 2 000 Kilometer langen, schmalen Küstenstreifen schließt sich die Sierra an, das steil ansteigende Andenhochland, mit dem 6 768 Meter hohen Berg Huascarán. Die Sierra geht über in die Montaña, das östliche Andenvorland. Unmittelbar jenseits der Schnee- und Gletscherberge im Osten folgt die Selva, die endlos scheinende, dünn besiedelte tropische Regenwaldregion – die „Grüne Hölle". Das ganze Jahr über herrscht dort feucht-schwüle Tropenhitze mit viel Regen. Die Hauptstadt Perus ist Lima. Sie liegt am Pazifischen Ozean und ist mit rund sechs Millionen Einwohnern die wichtigste Stadt des Landes.

Christusstatue von Rio

Hoch über der brasilianischen Hafenstadt Rio de Janeiro erhebt sich auf dem über 700 Meter hohen Berg Corcovado die 38 Meter hohe steinerne Christusstatue. Sie wurde von dem französischen Bildhauer Paul Landowski entworfen und im Jahre 1931 fertiggestellt.

Machu Picchu

1911 entdeckte der englische Archäologe Hiram Bingham die Ruinen der ehemaligen Inka-Hauptstadt Machu Picchu. Sie liegt 2800 Meter hoch über dem Urubamba-Tal und gilt als Nationalmonument Südamerikas. Der Name Machu Picchu bedeutet in der indianischen Ketschua-Sprache so viel wie „altes Gebirge". Die Ruinenstadt zeugt von einer hoch entwickelten Architektur der Inka und ist heute als Weltkulturerbe anerkannt.

Samba

Die Sambamusik entstand unter den Sklaven Brasiliens gegen Ende des 19. Jahrhunderts. Heute gehört sie der brasilianischen Alltagskultur an.

Alpaka

Diese langhaarige, schwarzbraune Lamaart lebt in den Hochanden Südamerikas. Unter dem bodenlangen Fell wächst eine weiche, dichte Unterwolle von besonders wertvoller Qualität. Ein Lama liefert pro Schur bis zu drei Kilogramm Rohwolle, die zu Decken und warmer Kleidung verarbeitet wird.

Der Süden Südamerikas

Gaucho

Gauchos, berittene Viehhirten in den Pampas Argentiniens, sind ähnlich wie die Cowboys in Nordamerika berühmt für ihre Reitkünste und den geschickten Umgang mit dem Lasso. Gekonnt werfen sie die Schlinge um die Beine des verfolgten Tieres und bringen es zu Fall.

Mähnenrobbe

Die Mähnenrobbe gehört zu den Seelöwen. Die mähnenartigen Haare auf dem Rücken der Männchen geben dem Tier seinen Namen. Die Robbe lebt in Gruppen und ernährt sich von Fischen und Pinguinen.

Puma

Die Raubkatze hat ihr Revier im unberührten Hochland im westlichen Argentinien. Während der Paarungszeit klingt ihr Schrei beinahe menschlich. Brüllen wie ein Löwe kann der Berglöwe der Anden nicht.

Im Süden des südamerikanischen Kontinents liegen die Länder Paraguay, Uruguay, Chile und Argentinien. Sie alle haben einzigartige Naturräume zu bieten. Am Länderdreieck zwischen Argentinien, Paraguay und Brasilien stürzen die Wasserfälle von Iguaçu hinab in die Teufelsschlucht. Vor der stark gegliederten Südküste liegen die Falklandinseln und der Feuerlandarchipel.

Argentinien

Argentinien ist ein Land mit unermesslichen Weiten, vielfältigen und kontrastreichen Landschaften und einer Fülle großartiger Naturschönheiten, die von Wasserfällen im tropischen Norden bis zu Gletschern in antarktischer Kälte reichen. Der größte Teil der Bevölkerung lebt in Städten. Am dichtesten bevölkert ist die Hauptstadt Buenos Aires. Sie ist die größte Stadt Südamerikas und Zentrum des politischen, wirtschaftlichen und kulturellen Lebens. Argentinien gliedert sich in vier Großlandschaften:

Das trockene, kühle und dürftig bewachsene Tafelland im Süden geht über in die Steppenebene der Pampas, ein grasgrünes Weideland für zahllose Rinderherden und wirtschaftliches Zentrum des Landes. Im Norden grenzt das große Tiefland des Gran Chaco an, einer heißen Busch- und Waldlandschaft, die nach Nordosten hin in das bewaldete Bergland von Misiones übergeht. Die Waldgebiete Argentiniens sind ebenso bedroht wie die Urwälder Brasiliens. Zahlreiche einzigartige Tierarten, darunter der schwarze Jaguar und die Anakonda, die Königin unter den Riesenschlangen, sind nahezu ausgerottet.

Den äußersten Westen Argentiniens nimmt das Hochland der Anden ein. Hier erhebt sich der 6 960 Meter hohe Aconcagua, der höchste Gipfel Südamerikas. Patagonien im Süden bietet ein monumentales Gebirgs- und Gletschergebiet, traumhafte Seenlandschaften, endlose Wälder und eine artenreiche Tierwelt. In diesem riesigen Naturparadies finden Buckelwal, Strauß und Kondor ideale Lebensräume. Zahllose Funde von Dinosaurierknochen beweisen, dass diese Naturlandschaft seit Urzeiten nahezu unverändert existiert.

Andenkondor

Die Anden sind die Heimat und der Namensgeber des Andenkondors. Mit seiner Flügelspannweite von über drei Metern ist er der größte Geier. Fluggeschwindigkeiten von mehr als 130 Stundenkilometern sind bei ihm keine Seltenheit. Er lebt vorwiegend von Aas, jagt aber auch Vögel und kleinere Säugetiere.

Kolibri

Kolibris können buchstäblich in der Luft stehen bleiben, während sie mit ihrem langen, spitzen Schnabel den Nektar aus den Blüten saugen.

Arktis

Als Arktis bezeichnet man die um den Nordpol liegenden Länder und Meere. Die Arktis ist kein zusammenhängender Kontinent. Sie umfasst die Gebiete rund um das Nordpolarmeer, das im Zentrum der Arktis liegt. Im Winter ist das Meer fast völlig von Eis bedeckt. Es ist umgeben von Grönland, Kanada, Alaska, Russland und der norwegischen Insel Spitzbergen.

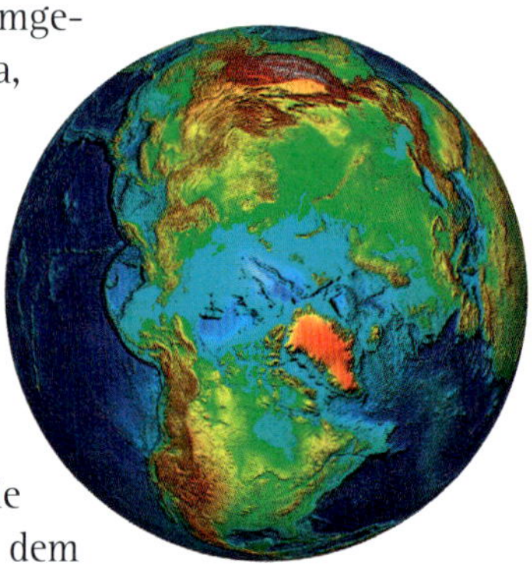

Im Gegensatz zur Antarktis ist die Arktis bewohnt, wenn auch nur dünn besiedelt. Die eingeborenen Polarvölker sind die Lappen (Samen), die Inuit und andere nordasiatische Stämme. Sie leben hauptsächlich vom Bergbau, dem Fischfang und von der Jagd.

Das bekannteste Tier der Arktis ist der Eisbär, der sich optimal an das Leben im ewigen Eis angepasst hat. Er gehört zu den wenigen Säugetieren, die das ganze Jahr über in der Arktis bleiben. Auch Robben und Wale fühlen sich im Nordpolarmeer wohl. Sie besitzen unter ihrer Haut eine dicke Fettschicht, den so genannten Blubber. Er schützt sie vor eisiger Kälte und dient als Energiereserve.

Walross

Das massige Wasserraubtier mit der dicken, fast haarlosen Haut lebt an den Küsten des Nordpolarmeeres und im Packeis. Das Walross wird mitunter über vier Meter lang. Die Männchen haben gewaltige Eckzähne, so genannte Hauer, welche bis zu 90 Zentimeter lang sind und lebenslang weiterwachsen. Sie dienen dazu, im Meersboden nach Nahrung zu graben und Weichtiere abzuschaben.

Schneeeule

Das dichte, schneeweiße Gefieder der Schneeeule bietet im Winter Kälteschutz und Tarnung zugleich. Schneeeulen ernähren sich hauptsächlich von Lemmingen.

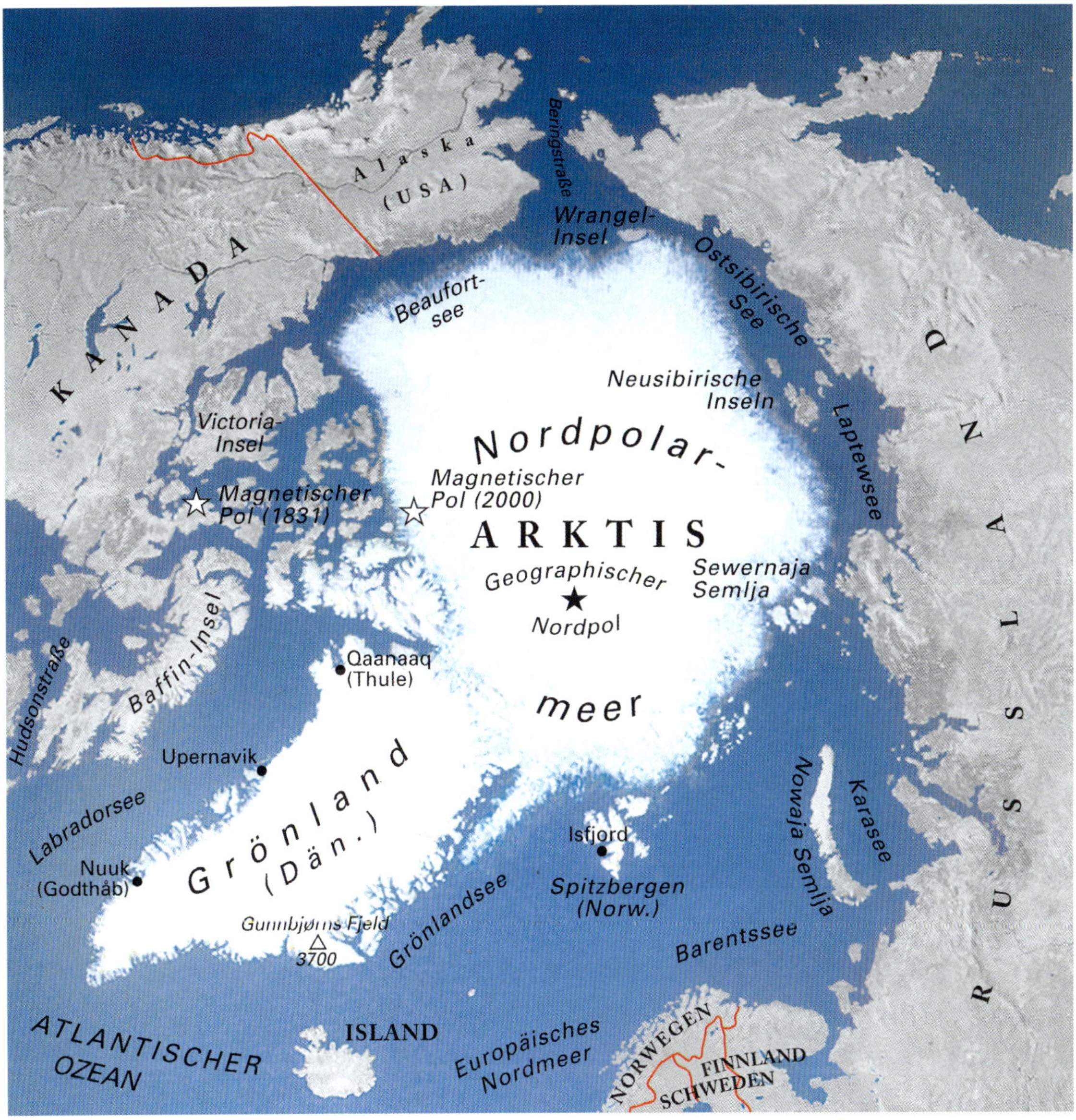

Eisberge

Die schwimmenden Eismassen im Nordmeer, die bis zu 200 Quadratkilometer groß sein können, bilden sich durch aufgetürmtes Packeis oder brechen von großen Eisflächen los. Nur etwa 1/9 ihrer gesamten Masse ragt über die Meeresoberfläche. Für die Schifffahrt im Nördlichen Atlantik stellen sie oft eine große Gefahr dar.

Inuit

Im arktischen Nordamerika, in Grönland und Kanada, lebt das Volk der Inuit. Traditionell leben die Inuit vor allem von der Jagd und vom Fischfang. Sie fertigen sich Kleidung aus Fell und wohnen in kuppelförmigen Behausungen aus Eis, den Iglus.

Antarktis

Als Antarktis bezeichnet man die Land- und Meergebiete um den Südpol. Sie ist der einzige Kontinent, der nicht permanent besiedelt ist, da hier extrem lebensfeindliche Bedingungen herrschen. 98 Prozent der Landmasse sind mit Eis bedeckt. An manchen Stellen ist der Eispanzer bis zu 3 000 Meter dick. In der Antarktis herrschen die tiefsten Temperaturen der Welt. Man hat mitunter schon Temperaturen von minus 90 Grad Celsius gemessen. Dennoch sind in der Antarktis zahlreiche Forschungsstationen verschiedener Länder stationiert, in denen sich Forscher auch über längere Zeiträume aufhalten.

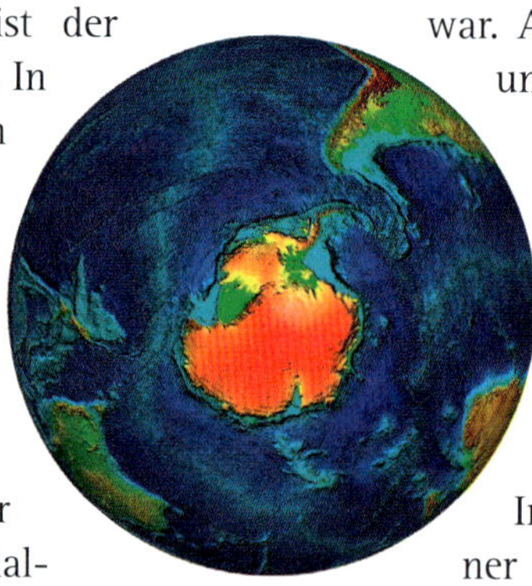

Seit eh und je hat der eisige Kontinent Abenteurer und Forscher angezogen. Zum Südpol gab es einen regelrechten Wettlauf. Am 14.12.1911 erreichte der Norweger Amundsen als erster Mensch den Südpol und hisste die norwegische Flagge. Nur einen Monat später erreichte der Brite Robert F. Scott den Pol und musste feststellen, dass ihm der Norweger zuvorgekommen war. Auf dem Rückmarsch kamen Scott und seine Begleiter ums Leben.

Im Inneren des Kontinents gibt es kaum Leben. Nur an und vor den Küsten tummeln sich Wale, Seehunde, Pinguine und Fische. Während des kurzen Sommers nisten viele Seevögel in Küstennähe und auf den vorgelagerten Inseln. Die Antarktis kann von keiner Nation beansprucht werden, dies wurde 1959 im Antarktisvertrag festgelegt. 1991 einigten sich die Mitgliedstaaten darauf, noch mindestens 50 weitere Jahre auf eine Rohstoffgewinnung in der Antarktis zu verzichten.

KAISERPINGUINE

Der Kaiserpinguin ist mit einer Körpergröße von 1,20 Meter der größte Pinguin. Er lebt in riesigen Kolonien am Südpol.

ROBBENBABY

Das helle Fell dient der jungen Robbe als Tarnung.

ADELIEPINGUINE

Adeliepinguine sind Meister im Schwimmen und Tauchen. Sie rudern mit ihren Flügeln mehr als hundert Kilometer ins Meer hinaus.

J K L M N O P Q

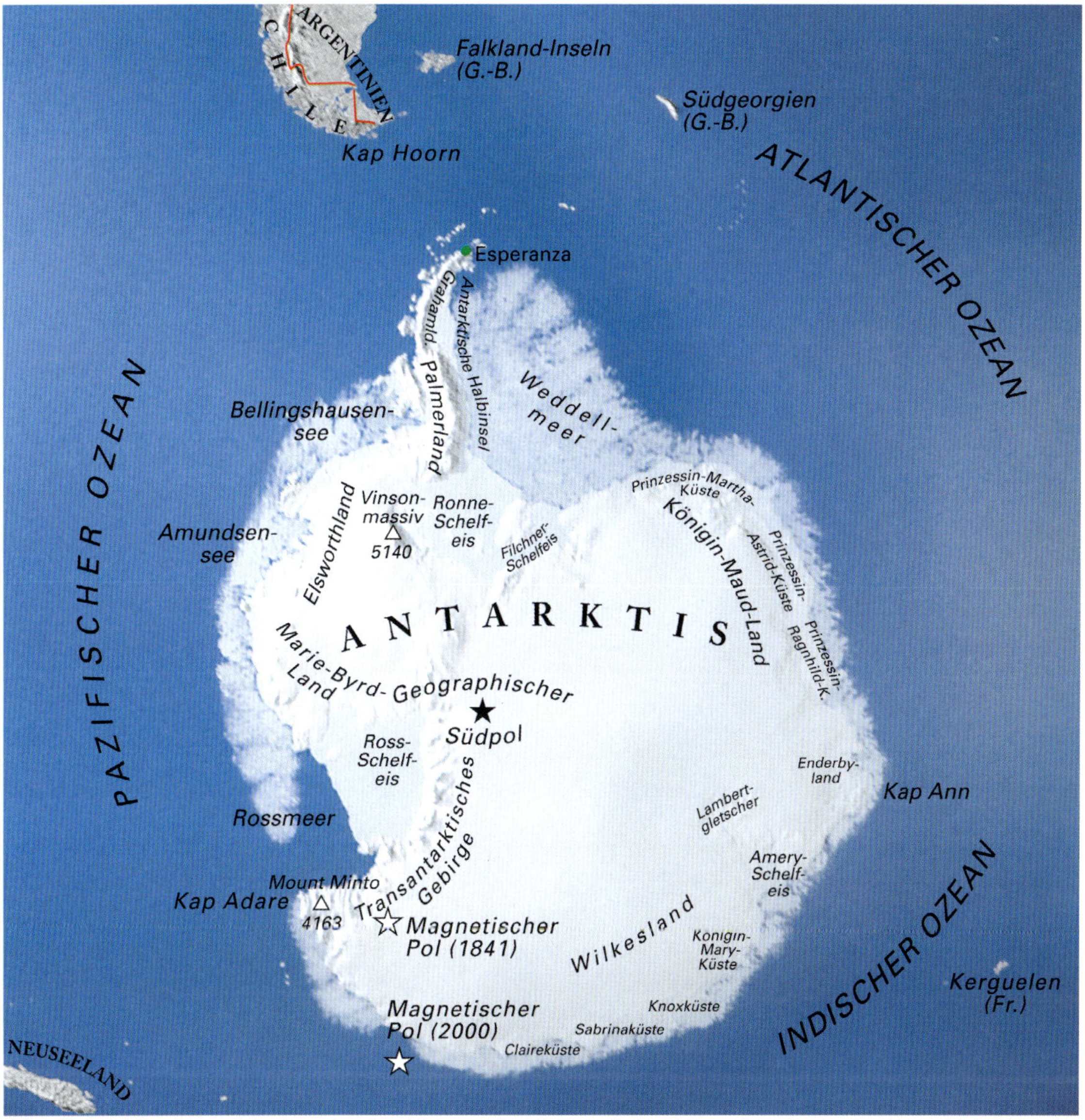

WEDDELLROBBE

Die Weddellrobbe ist in den antarktischen Küstengewässern beheimatet und gehört zur Familie der Hundsrobben. Sie ist ein Rekordtaucher, denn sie erreicht Tauchtiefen von bis zu 600 Metern und kann bis zu 80 Minuten unter Wasser bleiben.

ALBATROS

Albatrosse sind rund um die Antarktis beheimatet. Mit ihren schmalen langen Flügeln sind sie sehr gute Segler. Die Flügelspannweite des Wanderalbatros reicht bis zu 3,5 Meter. Er ist damit der größte lebende Meeresvogel.

MOTORSCHLITTEN

Moderne Motorschlitten haben heute die traditionellen, von Huskys gezogenen Hundeschlitten weitgehend abgelöst. Die robusten Fahrzeuge sind für weite Fahrten über die Eiswüste in heutiger Zeit nahezu unentbehrlich.

J K L M N O P Q

Weltmeere

Kreuzfahrtschiff

Bohrturm

Tanker

Dschunke

Segelboot

Windsurfer

Passagierflugzeug

Seepferdchen

Seeschlange

Hummer

Walhai

Riesenkrake

Weißer Hai

Wasser-
schildkröte

Hammerhai

Vor etwa 250 Millionen Jahren bestand die Erde aus einem einzigen Urkontinent. Er zerbrach in sieben gewaltige, bis zu 70 Kilometer dicke Gesteinsplatten. Als sie auseinander drifteten, entstanden die heutigen Erdteile mit den Meeren dazwischen, dem Pazifischen, dem Atlantischen, dem Indischen und dem Arktischen Ozean. Die riesigen Meere bedecken fast drei Viertel der gesamten Oberfläche unserer Erde. Nahezu 97 Prozent des Wassers ist in den vier Ozeanen gesammelt. Der Rest ist in Flüssen, Seen, Eis, Schnee und in der Erde gespeichert.

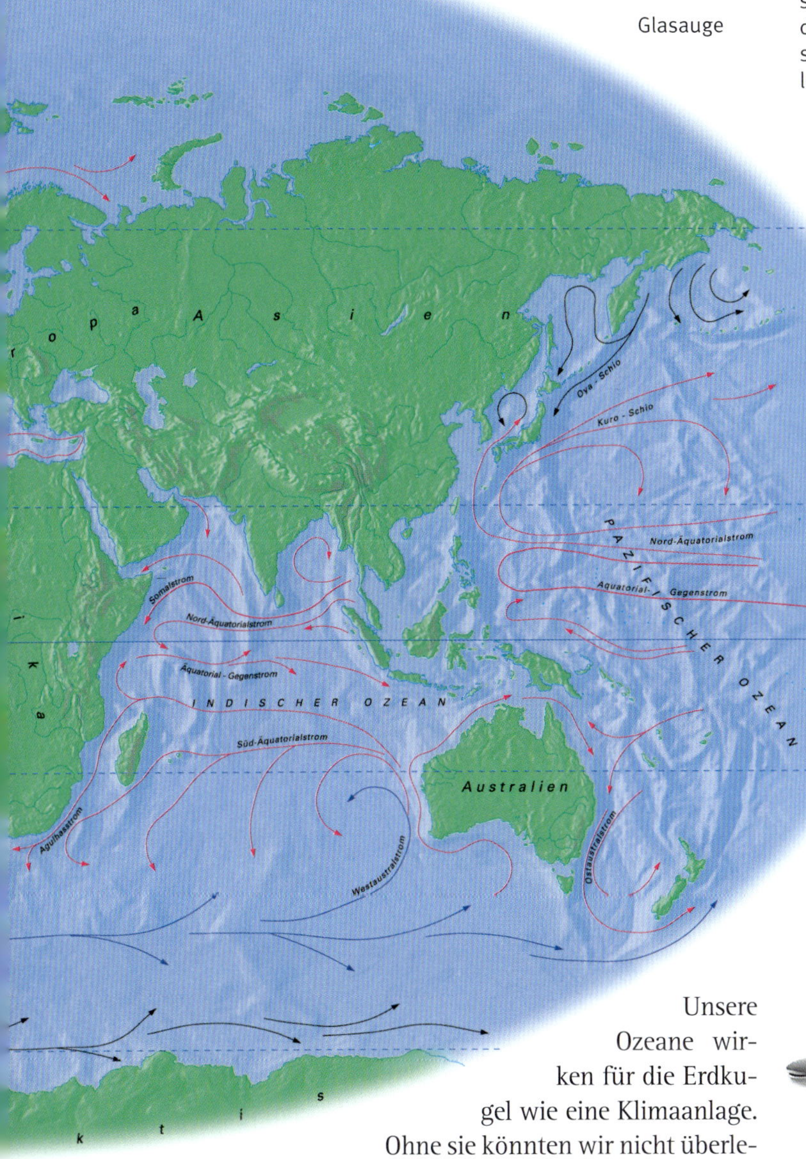

Glasauge

Farbenvielfalt

Viele Fische sind lebhaft und bunt gefärbt, um Partner anzulocken oder sich ihrer Umgebung anzupassen. In den farbenfrohen Korallenriffen beispielsweise fallen die in allen Farben leuchtenden Fische kaum auf.

Rotfeuerfisch

Wimpelfisch

Gotteslachs

Sumatrabarbe

Belugawal

Schwertwal

Buckelwal

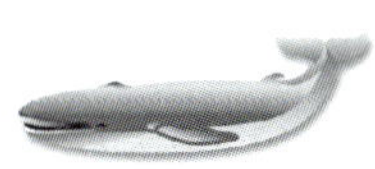

Finnwal

Weißstreifendelfin

Unsere Ozeane wirken für die Erdkugel wie eine Klimaanlage. Ohne sie könnten wir nicht überleben. Die Wärme der Sonnenstrahlen wird über den ganzen Globus verteilt. Wasserströmungen spielen dabei eine große Rolle. Sie fließen in bestimmten Strömungsmustern mit unterschiedlichen Geschwindigkeiten und in verschiedene Richtungen. Dabei werden sie von zahlreichen Kräften beeinflusst, die auch unser Klima bestimmen. Ein wesentlicher Motor der Meeresströmungen sind die Winde. Sie transportieren und verteilen Wärme, Kälte und Feuchtigkeit über die gesamte Erde.

Wale und Delfine

Wale sind im Wasser lebende Säugetiere. Das Muttertier bringt ihr jeweils einziges Junges im Wasser zur Welt und säugt es dort mit Muttermilch. Delfine sind mit den Walen verwandt. Sie zählen zu den intelligentesten Tieren überhaupt, sind lernfähig und im Stande, Menschen zu retten, die im Wasser in Not geraten sind.

Register

In diesem Register kannst du Ortsnamen, Ländernamen, Inseln, Flüsse und Meere nachschlagen. Hinter dem Suchwort findest du die Seite, auf der der Ort zu finden ist, sowie eine Kombination aus Buchstabe und Ziffer.

Du liest hier zum Beispiel die Angabe „Ägypten 10, 71 N/O 4, 72/73". Die erste Ziffer, 10, gibt dir die Seite im Länderlexikon an, auf der die wichtigsten Fakten über Ägypten zusammengestellt sind. Wenn du auf der Seite 71 nachschlägst, hilft dir das Koordinatengitter den gesuchten Ort zu finden. Suche im Seitenrahmen die Buchstaben N und O und die Ziffer 4. Der senkrechte Streifen von Norden (oben) nach Süden (unten) und der waagrechte Streifen von Westen (links) nach Osten (rechts) überschneiden sich in einem kleinen Quadrat. Hier liegt der gesuchte Ort.

Hinter manchen Begriffen findest du in Klammern ein Wort wie „Fluss" oder „Stadt". Das ist immer dann der Fall, wenn ein Land, eine Stadt oder ein Fluss den gleichen Namen tragen. Du kannst dann direkt aus dem Register ersehen, wo du nachschlagen musst, wenn du beispielsweise nur den Fluss suchst. Das gilt auch für gleichnamige Städte verschiedener Länder. Der Begriff in der Klammer gibt dir das jeweilige Land an.

A

B

C

F

G

H

I

J

K

L

M

N

O

P

Q

R

S

T

U

V

W

X

Y

Z

Texte von Patricia Bachstein, Petra Erzberger-Rieger, Kerstin Gerke, Annette Maier, Torsten Oestergaard, Regina Schneider und Gabi Ziebruch

Redaktion: Sibylle Faber und Regina Schneider

Register: Dagmar Tränkle
Bildquellennachweis Cover: Istockphoto (Erde); Shutterstock (7)
Bildquellennachweis: alle Bilder Royalty Free, außer Columbus Verlag, Krauchenwies: S. 4; Kurt Henseler, Tübingen-Bühl, S. 5; Istockphoto S. 1, S. 128; Lindt Sprüngli: S. 32m; Gregor M. Schmid, Gilching: S. 43u, 54m, 54u; Swatch: S. 32o; Zefa, Düsseldorf: S. 40u

Illustrationen: Gerd Ohnesorge, Halle: S. 6, 7ul

Buchgestaltung: Matthias Reinhard, Nürnberg

ISBN 978-3-7886-1465-2